授かり婚準備BOOK
これ一冊で完璧！

LADIRB（ラディーブ）監修

大泉書店

はじめに

現在、結婚式を挙げるカップルの約25％（約4組に1組の割合）が「授かり婚」といわれています。

結婚を決めると、職場への報告や引越しなどの結婚準備に加えて結婚式の準備を行うため、皆さん大変な思いをするのですが、さらに妊娠、出産準備も重なると「大変」を通り越して、「不安」な思いへと変わってしまう新郎新婦も多いようです。

しかし、本来は結婚と子どもを授かるというダブルの幸せで喜びに満ちあふれた時期であるはずです。

この「授かり婚」の不安は、結婚式や妊娠に関する知識が少ないことが原因です。

この不安な思いを取り除き、楽しく結婚準備をすすめるためには、
まずは正しい知識を身につけ、
ご自身の状況に応じて正しい判断をすることが重要です。
そのためには、経験豊富なウエディングプランナーに相談するのが
一番の近道ですが、ご縁があって本書をお手に取ったあなたには、
そのウエディングプランナーのノウハウを
少しでも知っていただければと思います。
そして、本書があなたに安心をもたらし、
おふたりの結婚式が素晴らしいものになるための
一助となることを心から願っています。

LADIRB
（ラディーブ）
高橋佳奈

授かり婚 準備BOOK 目次

はじめに……2

マンガ
「妊娠!? どうしよう？
結婚式どうする？」……9

授かり婚はW《ダブル》で Happy……16

1章
結婚報告とスケジュールの立て方

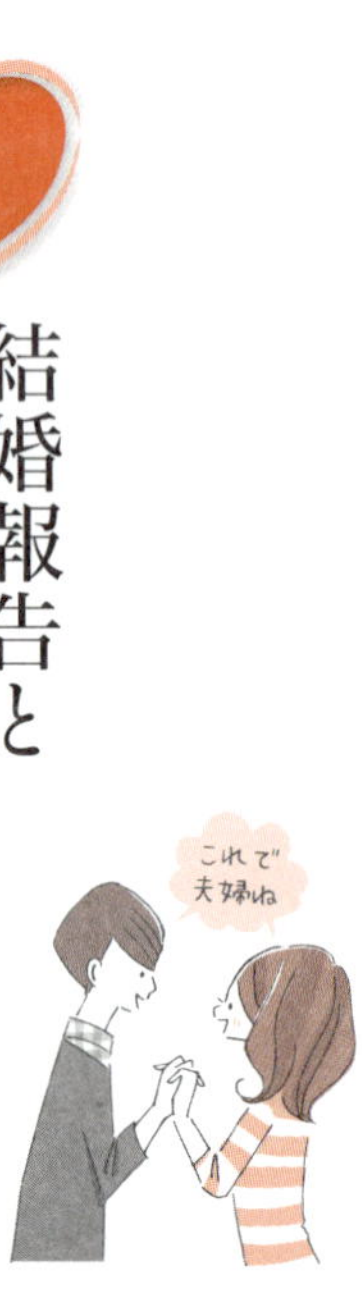

妊娠がわかったら、まずどうする？……18
妊娠したら体はどう変わる？……20
妊娠と結婚、両親にはどう報告する？……22
入籍はいつごろすればいいの？……24
妊娠中に結婚式をするなら
どうすればいいの？……26
妊娠月別
授かり婚のスケジュール……28
先輩ママ花嫁の体験談……30

2章

結婚式の準備とすすめ方

マンガ「結婚式は安定期に！　準備は大忙し」……34
授かり婚 成功の秘訣①……49
授かり婚におすすめの結婚スタイルは？……50
安定期に結婚式を挙げるには……52
妊娠後期に結婚式を挙げるには……54
ウエディングプランナーとうまく付き合うには……56
結婚式のスケジュールのすすめ方……58
授かり婚に適した会場とは？……60
招待客の決定と招待状の送り方……62
スタイル別　結婚式の準備……64
フォトウエディング／挙式のみ
レストランウエディング／神前式／仏前式
会費制ウエディング／リゾートウエディング
結婚式のさまざまな準備決め方のポイント……68
席次／婚礼料理／ウエディングケーキ／結婚指輪
プログラム／引出物・プチギフト／ペーパーアイテム
係の依頼／新郎の挨拶／花嫁の手紙
産後に結婚式を挙げる場合……76
Column マタニティライフのQ&A（妊娠初期編）……80

3章 ウエディングドレス選び方と演出案

マンガ「妊娠してても素敵にウエディングドレスを着こなしたい！」…… 82
授かり婚 成功の秘訣② …… 97
妊娠中に体型や肌はどのように変化する？ …… 98
ブライダルインナーの選び方は？ …… 100
ウエディングドレスはどんなものを選ぶ？ …… 102
ドレスの種類と選ぶポイント …… 104
おなかを隠すウエディングドレスを選ぶには？ …… 106
おなかを目立たせるウエディングドレスを選ぶには？ …… 108
お色直しのカラードレスの選び方は？ …… 110
和装を選ぶときのポイントは？ …… 112
妊娠周期別 衣装選び …… 114
授かり婚のためのヘアとメイクはどうするか？ …… 116
マタニティ用のウエディングエステとは？ …… 118
結婚式・披露宴の演出の準備とポイント …… 120
結婚式で妊娠を公表する？しない？ …… 122
授かり婚だからできる演出 …… 124
Column マタニティライフのQ&A（妊娠中期編） …… 128

4章

結婚式当日のふるまい方

マンガ「何があるかわからないドキドキの結婚式」……130
授かり婚 成功の秘訣③……145
結婚式前日の準備と当日のスケジュール……146
結婚式でのふるまいと注意……148
結婚式当日 いざというときのトラブル対策は？……150
挙式&披露宴でのスケジュールと注意……152

結婚式・披露宴の見送りと御礼……154
二次会での準備と注意……156
新婚旅行に行くならどのタイミング？……158
Column マタニティライフのQ&A（妊娠後期編）……160

5章

結婚式&出産お金と手続き

マンガ「結婚準備に出産準備こんなにお金がかかるの~!!」……162
授かり婚 成功の秘訣④……177
結婚・出産にはどれくらいお金がかかるの?……178
結婚式では何にどれくらいお金がかかる?……180
御礼と内祝いの準備とマナー……182
出産は何にどれくらいお金がかかる?……184

出産での助成・戻るお金……186
妊婦健診費補助券/出産育児一時金/医療費控除
高額療養費/乳幼児医療費助成制度/出産手当金
児童手当/育児休業給付金/失業給付金の延長
結婚、妊娠、出産に関する各種手続き……190

妊娠!? どうしよう?
結婚式どうする?
基礎体温表
岡田ヒロミ(28歳)
どうしたんだろ 最近体調がすぐれない
はっ
そ… そういえば…
最後に生理が来たのっていつだっけ!?
ちょ… ちょっとまって〜

不安になって妊娠検査薬を使ってみたら
まさかの陽性反応!?
うそー!!
産婦人科
6週目に入ってますね
や…やっぱりー!?
あ…あの先生…
実は私…まだ結婚してなくて…
ど…どうしよう…
お相手の方とよくご相談してくださいね
トボトボ
彼に何て言えばいいんだろう…
もし反対されたら…

話すのが
怖いよ!!
でも
おなかの子は
どんどん育って
いくんだよね
キュン…
私のおなかの中には
小さな命が
宿っているんだ
思いきって彼に
伝えよう!!
え―――!?
野原一平(30歳)
まじで?
ほ…本当
なの?
それ
う…
うん…
じろじろ

やったー!!
え!?
結婚しよう!! ヒロミ
ほ…本当に?
おなかの子と3人で幸せになろう!!
取り越し苦労だったみたい
あんなに喜んでくれるなんて…
ヤッホー!!
結婚と妊娠Wの幸せ!!
あれ?涙が出ちゃった
ヒロミに赤ちゃんが?
岡田

順序が逆になってしまい申し訳ございません
……
ヒロミさんとおなかの子は必ず僕が幸せにします!!
こんな嬉しい話はないわ!! ねぇあなた
う…うむ…
一平君…
はっはい
ヒロミのことよろしく頼むよ
もちろんです!!
パタン
お父さん…

クスッ
きっとお父さん書斎で泣いているわ
ありがとうお父さん…
私、お父さんの娘でよかった
ところであなたたち
結婚式はどうするの？
ドキッ
え？
それなんですが…
実は…この先子どもができたらお金もかかるし
諦めようと思っているんです
……
そうねぇ…

花嫁姿
見たかった
けどねぇ…
やっぱり
やろっか
結婚式
え!?
で…でも…
お母さんに
あんな顔させちゃ
いけないよな
それにやっぱり
皆から祝福
されたいし
生まれてくる
子どものためにも
幸せな結婚式に
しよう
うん!!

ふたりの結婚式♥赤ちゃんの誕生

授かり婚はW《ダブル》でHappy

妊娠中に結婚式を行いたいと思っているなら、
下を参考に計画的に準備をすすめましょう。
ふたりで協力することで、より絆が深まるはずです。

START

妊娠が発覚！
（18ページ参照）

↓

お互いの両親へ
妊娠＆結婚の報告
（22ページ参照）

↓

結婚式の会場または
ウエディングプロデュース
会社へ相談
（26ページ参照）

↓

挙式＆披露宴の
スタイルを決定
（50ページ参照）

↓

結婚式の準備をする
（68ページ参照）

↓

Happy Wedding

たくさんの祝福に包まれて幸せいっぱいの結婚式を実現！
（146ページ参照）

↓

御礼やお祝い返しをする
（182ページ参照）

↓

Come
Baby

親になる心構えをし、赤ちゃんを迎えましょう！

GOAL

1章

結婚報告とスケジュールの立て方

妊娠がわかったら、まずどうする？

妊娠が判明したらまずは彼に報告し、体調を気づかいながら、結婚や出産について考えましょう。

まずは産婦人科を受診し彼に報告しましょう

月経が遅れる、吐き気やだるさなどつわりの症状があらわれる……。このような兆候が起こるころには、妊娠約2か月に入っています。

体の変化を感じ、「妊娠しているかもしれない」と思ったら、まずは市販の妊娠検査薬を使って妊娠の有無を調べましょう。陽性反応が出たらすぐに産婦人科へ行き、検査を受けます。妊娠の確定診断を受けられるのと同時に、子宮外《しきゅうがい》妊娠などの妊娠異常でないか確認ができます。

予定外の妊娠の場合、焦るかもしれませんが、早めにパートナーへ報告して今後の生活や将来のことを話し合いましょう。

結婚を決断したら、まずは女性側の両親へ挨拶に行き、結婚の意思を伝えます。このとき、子どもができたから結婚するというよりも、「ふたりで家族を築く」という意思をしっかり伝えましょう。了承を得たら、男性側の両親へも挨拶へ行きます。

妊娠初期、とくに赤ちゃんの心音が確認される6~8週までは流産《りゅうざん》する確率が高いうえ、つわりなどの症状で体調が不安定です。周囲への報告や結婚式の準備は、母体の体調を優先して行いましょう。

Planners Advice

1 結婚式は短期間でも準備ができます。まずは母子の健康を最優先に考えて、どの時期に行うかを話し合ってください。

2 ふたりで将来設計を立てて、双方の親に結婚と妊娠の報告をします。家族に祝福されて結婚当日を迎えたいものです。

妊娠した？と思ったらまずは受診と報告を

1 体のサインに気づく

月経の遅れ、我慢できない眠気、体温が高くほてる、疲れやすい、吐き気などの症状があらわれたら、妊娠検査薬で妊娠の有無を確認する。

↓

2 産婦人科を受診

妊娠検査薬が陽性であっても、妊娠異常や流産の心配もあるので、早めに産婦人科の受診を。超音波検査を受け、心音が確認されると妊娠が確定する。

↓

3 パートナーへ報告

妊娠が判明したら早めに彼に報告する。結婚すると決断したら、親へ挨拶に行く日程や入籍の予定、結婚式の有無などを考える。

↓

4 ふたりで人生設計を立てる

自分たちだけでなく、子どもを含めた家族の将来を話し合う。住まいや仕事、養育費など金銭的な計画もきちんと立てておきたい。

↓

5 両親へ報告

まずは女性側の両親に結婚の意思を伝え、妊娠の報告をする。了承を得たら男性側の両親へも早めに報告を。説得力のある報告をしっかり考えてから行く。

妊娠したら こんな体の変化が！

- 月経が1週間以上遅れている
- 体が熱っぽい
- 乳房がはれぼったい
- 胃がむかむかする
- 眠くなる
- 疲労感がある
- 吐き気を感じる
- 感情の起伏《きふく》が激しい

など

※妊娠の兆候には個人差があります。

妊娠したら体はどう変わる?

母体は赤ちゃんを育てる準備に入ります。妊婦健診に通い、健康を維持しましょう。

周囲のサポートを受けながら妊娠の準備をすすめます

妊娠初期は体に変化が起こりやすく、とくにほとんどの人がつわりに悩まされます。食欲がなくなったり吐き気や嘔吐に悩まされたりするので、水分をまめに補給し、無理せず食べられるものだけを食べて乗りきりましょう。彼はもちろん、周囲の人々のサポートも不可欠です。

昔より妊娠から出産までは「十《と》月《つき》十《とう》日《か》」と呼ばれ、約10か月かかります。初期は体調がくずれやすいものですが、5か月ごろになると安定してきます。おなかが大きくなるのもこのころからです。8か月ごろになるとおなかの張りが強くなり、体は出産の準備を始めます。

妊娠がわかったら、安全な妊娠を継続するため定期的に妊婦健診を受ける必要があります。早めにかかりつけの病産院を決めましょう。

妊婦健診の回数は病院により異なり、内診、体重測定、尿検査などのほか、血液検査などを行います。健康に自信のある人でも、妊娠中は何があるかわかりません。母子の健康を保つため必ず妊婦健診を受けましょう。

仕事をしている人は、産前休暇の手続きなどについても早めに調べておきましょう。

Planners Advice

1 妊娠中の結婚式は、万が一のことも考えて病院側とも連携する必要があります。妊婦健診は怠らないようにしてください。

2 仕事をしている人は、継続するか否か考えましょう。妊娠、出産、子育てはひとりではできないので家族とよく相談して。

妊娠周期と体の変化

	妊娠月	胎児のようす	母体のようす	結婚式の目安
妊娠初期	0～2か月	受精卵《じゅせいらん》が子宮内膜《しきゅうないまく》に着床《ちゃくしょう》する。頭と胴体の区別がつき、内臓や脳、神経細胞が作られる。	・妊娠の自覚なし ・月経がない ・つわりが始まる	× 流産《りゅうざん》の可能性が高く不向き。
	3か月	顔と体が人間らしくなり、主要な内臓が完成する。心臓も活発化して血液循環が始まる。	・つわりのピーク ・下腹部に圧迫感 ・胎盤が作られる	△ つわりがひどくつらいかも。
	4か月	体の基礎がほぼ作られる。胎盤から栄養を吸収し始め、骨格や筋肉も活発に動く。	・胎盤が完成 ・つわりがおさまる ・おなかがふっくら	△ もう少しつわりが続きそう。
妊娠中期	5か月	頭が卵くらいの大きさ、体は4頭身に。体型がふっくらする。骨髄《こつずい》で血液が作られる。	・おなかが目立つ ・胸が大きくなる ・胎動《たいどう》を感じる	○ 結婚式の準備期間がつわりと重なる。
	6か月	体が成長。ホルモン分泌が活発になる。まゆ毛が生え、髪の毛も増えていく。	・おなかがせり出す ・母乳が出始める ・胎動がはっきり	◎ 体調が安定して最適の時期。
	7か月	まぶたが開き鼻の穴も開通する。体を動かせるようになり、外界の音にも敏感になる。	・おなかが重くなる ・胎動が強くなる ・トラブル増加	◎ 余裕をもって結婚式の準備ができる。
妊娠後期	8か月	器官がほぼ完成し、呼吸の練習を始める。頭を下にした体勢になる。	・子宮が広がる ・体重が急増する ・むくみやすい	◎ 衣装や会場を工夫するとよい。
	9か月	髪の毛が伸びて肌がピンク色に。しわが減り、全身の産毛《うぶげ》もなくなる。肺機能が完成。	・動悸《どうき》や息切れ ・胃がむかつく ・トイレが増える	△ 早産の可能性があるので避ける。
臨月	10か月	心臓・呼吸器が成熟。新生児と同じ大きさになる。頭を骨盤に入れて出産を待つ。	・子宮が下がる ・おなかが張る ・陣痛《じんつう》が始まる	× 出産準備に集中したい時期。

妊娠と結婚、両親にはどう報告する？

ふたりで結婚の意思をかためたら将来を話し合い、誠実な姿勢で両親に報告します。

双方の親へは早めに結婚と妊娠を報告しましょう

妊娠が判明したら、入籍や結婚式、出産、将来についてふたりで話し合います。そして、できるだけ早く双方の両親へ報告に行ってください。一般的には女性側の親を優先します。挨拶へ行く前に相手のことについて親にひと通り話しておくとスムーズです。

挨拶当日は清潔感のある装いを心がけ、女性はスーツやワンピース、男性はスーツを着用します。アクセサリーやバックはシンプルなものにして、派手なものは避けましょう。見落としがちな足元は女性はストッキング、男性は清潔な靴下かどうかを確認してください。事前に相手の親の好みを調べ、3000～5000円の手土産を用意することも忘れずに。

挨拶するときは、妊娠報告の前に結婚の承諾を得ます。子どもができたから結婚すると思われないよう、報告の順序に気をつけましょう。万が一、結婚を反対されたら一度引き上げて、許してもらえるまで訪問します。許しを得たいなら誠実さを見せることが大切です。

職場へはタイミングをみて上司へ報告し、親戚には親から伝えてもらいます。妊娠のことはあとからでも構いません。

Planners Advice

1 結婚式の準備はまだ始めなくてよいですが、どんな結婚式にしたいかイメージを考えておくとよいでしょう。

2 結婚・妊娠の報告と合わせて、両親が結婚式についてどのように考えているか聞いてみましょう。

報告するときのポイント

両親への報告

1 女性側の親へ報告

承諾を得るための挨拶なので、「お許しいただけないでしょうか」などの言葉を選ぶ。そのあと妊娠を報告し、妊娠したから結婚すると思われないようにする。

↓

2 男性側の親へ報告

男性は前もって親から結婚の許しを得ておき、当日は女性が家族になる挨拶をするのが一般的。前もって親の好みを調べて、手土産を持参する。

おすすめの手土産
老舗店のお菓子や話題の食べもの、日本酒やワインなどの酒類、出身地の名産品など話題が広がるようなものがよい。

Point 今後の人生を考えたうえで報告する

結婚後はどこに住むのか、経済的にやっていけるのかなど、これからの生活の基盤について話し合いましょう。また、結婚式は行う予定なのか、女性は産後に仕事復帰するのかも考えて。

職場への報告

1 上司へ報告

妊娠すると体調の変化が激しいので、上司にはなるべく早めに報告する。その後のことは上司と相談を。

↓

2 同僚へ報告

先輩や同僚にはできるだけ同じタイミングで結婚を報告する。妊娠を報告するなら安定期に入ってからがよい。

Point 仕事を辞める時期 産休をとる時期は？

退職する場合は希望日を３か月前までに伝える。産前休暇は予定日の６週間前から最大 42 日間、産後休暇は出産翌日の８週間取得することができる。

入籍はいつごろすればいいの？

役所に「婚姻届」を提出して初めて、ふたりの結婚が法的に認められます。

入籍日と母子健康手帳の交付の順序を考えましょう

ふたりで結婚の意思をかためたら、「婚姻届」を役所に提出して入籍をします。

入籍日に決まりはなく、結婚式の前後どちらでも構いません。かつては結婚式後に入籍して同居を始めるケースが多かったので、事前の入籍によい印象をもたない人もいるかもしれませんが、近年はほとんどの人が結婚式の前に行っています。

結婚式前に入籍すると、彼の扶養に入ることができ、運転免許証などの名義変更もスムーズに行えます。また母子健康手帳をもらう際、入籍前だと旧姓になりますが、入籍後なら新しい姓を記載されたものを交付してもらうことができます。

母子健康手帳は子どもが6歳になるまで使用するものなので、入籍は早めに行うことをおすすめします。ただし海外挙式の場合、未婚者同士でなければならないこともあるので注意してください。

入籍がすんだら、各種名義変更・届出を行います（25ページ参照）。期限はとくにありませんが、必要となったときに手続きができていないと生活に支障をきたすこともあるので、早めにすませておくと安心できます。

Planners Advice

1 婚姻届の記入シーンや提出シーンを写真や映像におさめておき、披露宴のVTR演出に使用してもよいでしょう。

2 名義変更の手続きなどはなるべく早めに行いましょう。

婚姻届の出し方とポイント

1 婚姻届をもらう

全国共通なので、市区町村の役所で入手することができる。書き損じや提出時に不備を直す場合も考えて、予備として２～３枚もらっておくのがおすすめ。

↓

2 書類を用意し、記入する

結婚前の本籍と異なる役所に提出する場合「戸籍謄本《こせきとうほん》」を用意して、見本を参考にていねいに記入する。成人している証人ふたりの署名・捺印を忘れずに。

↓

3 婚姻届を提出する

「婚姻届」「ふたりの印鑑」「身分証明証」、そして必要なら「戸籍謄本」をそろえて役所の窓口に届け出る。提出は 24 時間 365 日いつでも可能。

↓

入籍♡

変更手続きが必要なもの

- □ 運転免許証
- □ 自動車登録
- □ 生命保険
- □ 銀行口座
- □ キャッシュカード
- □ クレジットカード
- □ パスポート
- □ 携帯電話

婚姻届が受理されたら、上記の住所・氏名変更が必要。生活に支障が出ないよう、早めに行うとよい。

Q 仕事を辞めるときはどんな手続きが必要？

A まずは上司へ相談しましょう

欠員補充や仕事の引き継ぎを考慮して３か月前には上司に退職の意思を伝え、１か月前には「退職願」を提出する。理由は「結婚のため」ではなく「一身上の都合により」とするのが原則。

妊娠中に結婚式をするならどうすればいいの？

どの時期に結婚式をするのかふたりで話し合い、サポートの受けられる環境を選んでください。

授かり婚は安定期に結婚式をするのが主流

赤ちゃんがおなかにいる間に結婚式をする場合、一般的に妊娠5～6か月の安定期に行うケースがほとんどです。ほかの時期にも行えますが、初期はつわりの時期と重なり、7か月以降はおなかが張りやすいので、妊婦の体調を考えれば安定期が最も安心です。

母子ともに健康でなければ結婚式は挙げられません。事前にかかりつけの医師へ結婚式を行うことと時期を伝えておきましょう。

結婚が決まったら、まずは会場へ下見へ行くか、ウエディングプロデュース会社などを探し、ウエディングプランナーに相談します。ブライダルフェア（模擬挙式や衣装の試着、会場見学などができるイベント）などに行ってもよいでしょう。最近では短い準備期間で結婚式を挙げられる「授かり婚プラン」などが用意されています。

安定期に結婚式を挙げたいと思う場合、たいていは2～3か月で準備することになりますが、プランによっては最短3週間の準備も可能なので安心してください。

会場やウエディングプロデュース会社は新婦が妊娠しているときの知識や経験、設備やサポートがしっかりしているかを確認してから決定しましょう。

Planners Advice

1 いくつかの会場やウエディングプロデュース会社をピックアップし、検討するとよいでしょう。

2 結婚式を挙げる時期や招待客の人数など、イメージをふたりで話し合っておきましょう。

妊娠中の結婚式までの流れ

1	2	3	4	5
妊娠がわかり、両親へ報告する	ウエディングプロデュース会社、または会場へ相談する	結婚式の準備の計画を立てる	準備をする（招待状、衣装、引出物など）	結婚式当日

Point 安定期または後期に設定する

つわりの症状がやわらぐ妊娠５か月以降か、おなかが大きすぎない７～８か月の後期に結婚式をするケースがおすすめ。

Point 妊娠の知識があるウエディングプランナーを

結婚と出産の準備は不安も多いので、妊娠や授かり婚に詳しいウエディングプランナーに相談し、苦労を軽減して。

Point 招待状を発送する時期を考える

招待状のやりとりはもっとも時間がかかる準備内容。準備期間が短い場合は、先に電話で詳細を説明しておき、了解を得て「返信不要」とする手もある。

妊娠月別 授かり婚のスケジュール

妊娠中に行う結婚式は、効率よくスケジュールを立てて短期間で準備するのがポイントです。

妊娠月齢	0か月～1か月	2か月～5か月・6か月
安定期に結婚式①	妊娠が判明！ 両親へ報告	・ウエディングプランナーへ相談 ・結婚式のプランを作成 ・会場を決定 ・招待状を発送 ・衣装を決定、引出物・プログラムの準備 ・結婚式
安定期に結婚式②		・ウエディングプランナーへ相談 ・会場、衣装の決定・結婚式のプランを作成 ・招待状を発送・引出物・プログラムの準備 ・結婚式
後期に結婚式		・ウエディングプランナーへ相談 ・結婚式のプランを作成 ・会場を決定 ・招待状を発送 ・

結婚式 スケジュールのパターン

10か月 9か月 8か月 7か月

出産予定日

パターン A

妊娠判明後すぐにスタート おなかが目立たないうちに！

つわりのある時期は、プラン作成などの打ち合わせに時間を割き、体調が落ち着き始める時期に衣装を決める。安定期に入ってすぐ結婚式を挙げるので、おなかのふくらみは目立たず、体力的にも精神的にも落ちついて当日を迎えられそう。

パターン B

つわりが落ちついてスタート 準備はスピーディに

安定期に約２か月で準備する少し急ぎめのスケジュールの結婚式。体調が落ち着いてくるころだが無理はせず、ウエディングプランナーや周囲に頼って。

パターン C

つわりが落ちついてスタート ゆっくりと準備を

体調が安定し結婚式には最適な時期だが切迫流産《せっぱくりゅうざん》には注意を。早産《そうざん》の可能性もあるので８か月に入る前に行うとよい。マタニティ専用のドレスを選べばおなかの大きさも気にならずにすむ。

・衣装を決定、引出物・プログラムの準備
・結婚式

先輩ママ花嫁の体験談 1

安定期に結婚式を挙げました 編

流産しかけて結婚式を諦めかけた でも、無事に挙げられました

彼とは学生時代から付き合っていて、7年目で妊娠がわかりました。1週間後に出血があり、流産しかかっていると診断され自宅で安静にしていました。結婚式の会場を探している途中でしたが中断し、自分の体を過信したことを悔やんで泣き、正直、結婚式どころではありませんでした。

しかし、1週間ほどで正常の妊娠経過に戻りました。ウエディングプランナーさんに相談したら3か月で準備ができるプランを紹介していただき、無事に結婚式を挙げることができました。流産が怖かったので、親族と友人だけの小規模でカジュアルな結婚式でしたが、本当に祝ってほしい人が集まったので、赤ちゃんにも誇れる素敵な結婚式になりました。

（O・Mさん談）

1か月でスピード挙式 おなかが目立たず ドレスがきれいに着れて満足

私はつわりが軽く、妊娠初期から結婚準備がスムーズにできました。彼とは結婚を前提に付き合っていたので、妊娠発覚時は本当に喜びました。

結婚式にはスレンダーな大人っぽいウエディングドレスにしたいと以前から憧れていました。妊娠によっておなかが出るので心配でしたが、ドレスショップの方に相談したら、マタニティ用のソフトマーメイドラインの衣装をすすめられました。

1か月で結婚式の準備をするプランで、おなかの目立たないうちに好みの衣装を着ることができたので大満足。結婚式で撮影した写真を見返してみましたが、通常の結婚式とかわらない感じがします。

（S・Yさん談）

先輩ママ花嫁の体験談 2

妊娠後期に結婚式を挙げました 編

辛いつわりを乗り越えて安定期にゆっくり準備 おなかのふくらみも演出に！

吐き気と熱っぽさが続き、風邪かなと思っていたら妊娠していて、すでに3か月に入っていました。

結婚式をしたいと思っていましたが、つわりが予想以上につらく、ほとんど寝て過ごしていたので、準備ができませんでした。

安定期に入り、体調が戻ってきたので、やっぱり結婚式をしようと一念発起。妊娠8か月に結婚式ができるように、ウエディングプランナーにプランを組んでもらいました。

おなかが出てきているうえ、二の腕や太ももがパンパンだったので、ウエディングドレスはあまり似合わないだろうと覚悟していましたが、ドレスショップで提案してもらったドレスで満足のいく仕上がりになりました。

披露宴のお色直しは、黄色のソフトマーメイドラインのドレスにしました。おなかのふくらみがはっきりとわかりますが、再入場での衣装披露なので、おなかの赤ちゃんの存在をみんなに報告できました。

母にはドレス姿を内緒にしていたので、お色直しの衣装で登場したときには号泣していました。

（S・Sさん談）

先輩ママ花嫁の体験談3

出産後に結婚式を挙げました編

子どもも一緒に参加 家族3人の素敵な思い出の結婚式になりました

妊娠がわかって結婚したものの、初めての出産に不安があったので、結婚式は諦めて出産と育児に専念しようと決めました。

ゆっくりとしたマタニティライフを過ごし、予定日の1週間前に無事女の子を出産しました。

育児が始まり、最初の2か月は頻繁の授乳やおむつ交換でぐったり。でも、5か月が過ぎると育児が落ちついてきたので、やっぱり結婚式をしたいなという気持ちが再念しました。

赤ちゃんの1歳の誕生日に結婚式をすることにし、一時保育などを利用して結婚式の準備をすすめました。

娘には頭に花冠をつけ、ふりふりの衣装を着せて挙式の誓いのキスに参加させました。

招待客からもかわいいと歓声が上がり、諦めていたウエディングドレスも着ることができ、本当によかったです。

（T・Yさん談）

2章

結婚式の準備とすすめ方

結婚式は安定期に！
準備は大忙し

Wedding
結婚式場多すぎてわかんなくなってきちゃった
ネットで探してみよう
「授かり婚」で検索!!

またたくさん出てきた!!
ますます悩んじゃう…
悩むとおなかの子に悪いよね
ん？
…
一平君からメール来てる
よさそうなウエディングプロデュース会社を見つけたからHPを添付するよ
この会社のウエディングプランナーはたくさんの妊婦さんの結婚式をプロデュースしてきたそうだよ
へぇー
頼りになるじゃん一平くん…
本日女優の○○さんと俳優の△△さんの結婚式が行われました

○○さんは妊娠6か月
すてきなドレス姿です
何だか親近感わいちゃうなー
よしっ
一平君がメールしてくれた会社に電話してみよっと
もしもし
結婚式に現実味を感じ始めるヒロミでした
そして…
行ってきまーす
ウエディングプランナーさんどんな人なんだろう
ドキドキするね

初めまして 担当の寿《ことぶき》と 申します
どうぞ よろしくお願い します
よかった… 感じのいい人で
電話でもお話 したんですが 私、今妊娠 3か月で…
それは2倍に おめでたい結婚式 になりますね
おまかせ ください
※カフェインレス
どのような結婚式が ご希望ですか?
準備は 3か月あれば できますので
今からなら 5~7か月の 安定期に 間に合いますよ

また、つわりが落ちついてからの安定期に準備をし
後期に挙げる方もいらっしゃいます
おなかは目立ちますが…
妊娠したからといって焦ってすぐにという必要はないんですね
はい、おふたりにとって効率のよい準備方法ですすめていただけたらと思います
ヒロミはどうしたい？
うーん
私はおなかが目立つ前に結婚式を挙げたいな
では妊娠6か月あたりで結婚式を行うイメージですすめましょうか
気をつけていただきたいのは
授かり婚は結婚式の準備とママになる準備とで忙しくなります
大切なのは体に無理をさせず
体調を最優先にすること

準備から当日まで小さなことでも気兼ねなくご相談くださいませ
はい!!
頼もしい…!!
今日1日で一気にすすんだ気がする♪
おいおい大変なのはこれからだぞ
やらなきゃいけないことがたくさんあるんだから
そうだよね
衣装選びに引出物選び…
料理も選ばなきゃいけないし
演出とかも決めなきゃだろ
スピーチ誰にやってもらうとか…

あと
招待状の
宛名書き!!
まあふたりで
分担すれば
何とかなるか
いいよ!!
私がやるから
一平君は仕事
忙しいじゃん
いや
大変だぞ
いいってば
大丈夫!!
席次表や席札
できれば小物類も
手作りしたいなー
まじで？
大丈夫か？
Welcome
うん
自分でできることは
自分でやりたいの
その分の費用を
料理や引出物に
回してグレードアップ
したいじゃない

だって一生に
一度のことだもの
招待した人に
少しでも
楽しんで
もらいたいな
無理
すんなよ
そっち？
よーしっ

結婚式に向けて準備開始!!
まだ起きてるの？
うん もうちょっと
無理はしない方が…
わかってるって大丈夫!!

ちょっとがんばりすぎなんじゃない?
はいはい もう寝るから
パタン
もう
あっ 一平君からメールだ
ちゃんと寝ろよ。あんまりがんばりすぎんな!!
何かあったらオレに言えよ
もう!! みんな同じことばっかり!! 大丈夫だっての!!
ところが翌日

う…なんか体調悪い…
だから無理しないでって…
関係ないよ ただのつわりだし
いいから横になってなさい
だめだよ 夕方からウエディングプランナーの寿さんと打ち合わせ
そろそろ出かける準備しなきゃ
えー!?
キャンセルしなさい!!
しばらくしたら大丈夫だって
そんな体調で電車に乗っちゃダメ!!
何かあったらどうするの? おなかの赤ちゃんがどうなってもいいの?
!!
…わかった
じゃあせめて時間ずらしてもらう

ブーン
もしもし
寿さんですか？
岡田です
実はつわりがひどくて
約束の時間にそちらに行けそうもないんです
よろしければお近くまで伺いましょうか？
え…？
移動がなければずい分楽とおっしゃるお客様が多くいらっしゃるんですよ
もう少ししたらおさまりそうなので時間をずらして…
日程を変更してもいいですよそれか…
そんな…

いいんですか？
すみませんわざわざ
いえ体調大丈夫ですか？
Cafe
今日はこんな所でしょうか ずい分決まりましたね
はい
お帰りは？どなたかお迎えに？
いえ近いしもう大丈夫です
あの…今日は本当にありがとうございました
わざわざうちの近くまで… 本当に助かりました
いえいえ
もしかして岡田さんはひとりでがんばりすぎてしまうところがありませんか？
え？
ドキッ
私最初に言いましたよね
体調を最優先してくださいって

ときにはがんばりすぎず
誰かに甘えることも
必要ですよ
あ、スミマセン
メール…
今、家にいる？
会社早く終わったから
近くまで来てるん
だけど。
〜一平〜
寿さん
私、もう少し
ここにいますね
彼に
迎えに来て
もらいます

それがいいですね
いらっしゃいませー
ヒロミ待った？
ううんお疲れ様
遅くなったけどこれ…
？
ありがとう!!
ひとりではなくふたりでがんばろうと思ったヒロミでした

授かり婚　成功の秘訣 ❶

～結婚式の準備とすすめ方～

その1　後悔しないよう、ふたりで結婚スタイルについてよく話し合いましょう。

その2　母体と赤ちゃんの体調を一番に考えて、結婚式の計画を立てましょう。

その3　「安定期」をうまく利用して、結婚式のスケジュールを考えましょう。

その4　ウエディングプランナーには早めに妊娠の事実を伝え、要望は遠慮せずに言いましょう。

その5　会場を選ぶときには授かり婚に適した設備やサービスがあるかを確認しましょう。

その6　打ち合わせのときに体調が悪くなったら、無理をせずにウエディングプランナーへ伝えましょう。

その7　結婚式を行うことは必ず、主治医に伝えておきましょう。

授かり婚におすすめの結婚スタイルは？

通常の結婚スタイルを把握しつつ、体調を考えて無理のないスタイルを選びましょう。

一般的な結婚式スタイルと大きな違いはありません

授かり婚だからといっても、憧れている結婚スタイルを諦める必要はありません。

しかし、妊婦の体の負担にならないようにしたい、出産に備えて予算をおさえたいと思うと通常の結婚スタイルでは困難なこともあります。

たいていの会場やウエディングプロデュース会社では授かり婚に適したプランが用意されていて、短い準備期間で対応してもらえることが多いので、利用することをおすすめします。

これまで結婚スタイルは、挙式と披露宴の両方を行うのが主流でしたが、最近は挙式だけを行ったり、招待客との距離が近いレストランウエディング（披露宴のみ）にしたり、衣装を着て写真だけを残すフォトウエディングにしたりと、カップルによってさまざまです。

妊娠中に結婚式を行う場合、準備にかかる時間が一番の問題です。体調のよい安定期を狙ってスケジュールを考え、無理のないスタイルを選ぶとよいでしょう。

悩んだときには、ウエディングプランナーに相談し、ふたりに合ったプランニングを提案してもらってもよいでしょう。

Planners Advice

1 授かり婚向けのウエディングプランを利用するのもひとつの手です。

2 授かり婚だからと、希望の結婚スタイルを諦める必要はありません。ウエディングプランナーに相談を。

さまざまな結婚スタイル

白無垢《しろむく》もドレスも着たい
神前式＋披露宴

和装とドレス、どちらも経験したい人におすすめ。場所移動や衣装がえなどが大変なので、当日はゆとりのあるスケジュールを組んで無理をしないように注意する。

通常通り盛大に
挙式＋披露宴

約３か月あれば結婚式の準備は整うので、授かり婚だからといって諦める必要はない。準備をスムーズに行えれば、最短２週間でも挙式できる。その代わり会場や進行スケジュールに気を配ろう。

お金はかけず、記念に
フォトウエディング

好みのドレスや和装など実際の衣装を着て、記念撮影をするスタイル。スタジオだけでなく結婚式場や景色のよい場所などで撮影できる場合も。挙式がすぐに行えない人や思い出だけでも残したいカップルに向く。

ヴァージンロードは歩きたい
挙式のみ

披露宴はせずに家族や少数の友人だけを招いて挙式だけを行う方法もある。アットホームな雰囲気のなかで結婚を誓うスタイル。出産したあと、落ちついてから子どもと一緒に披露宴を行ってもよい。

会場は1か所ですませたい
人前式＋披露宴

人前式は形式や格式にとらわれず、列席者に結婚を誓う式なので、ホテルのロビーなどで行うことができる。披露宴と同じ会場にセッティングすれば、移動などがスムーズなので新婦の負担にもならずにすむ。

安定期に結婚式を挙げるには

もっとも適した時期に挙式を行います。体調が不安定な時期に準備するので協力を仰いで。

つわり期間は周囲の協力を得て準備をすすめましょう

妊娠4～5か月はつわりが落ちつき、胎盤《たいばん》が完成するので流産《りゅうざん》の確率が下がります。5か月以降は体調も安定しておなかのふくらみも目立たず、結婚式をするタイミングとして理想的です。

安定期に挙式や披露宴などを行う場合は、妊娠がわかったらすぐに準備を始める必要があります。しかし妊娠のサインに気がつくのは約2か月ごろ。準備期間はつわり症状がもっともつらい3か月目と重なります。そこで準備のすすめ方を工夫しましょう。

会場やウエディングプロデュース会社によっては式場との打ち合わせは直接出向かなくてもメールや電話で行えます。また、ウエディングプランナーが自宅や近所まで出張してくれたりするサービスもあります。そのようなサービスを利用して準備をすすめましょう。新婦は体調を優先させ、新郎やウエディングプランナーにお任せするのもひとつの手です。

ただし衣装決めは自分で行うしかありません。目立たないとはいえ、自分で思っている以上におなかや体が少しずつふっくらしていきます。試着は準備を始めるころと直前の2回行えるので、2回目の最終フィッティングを大切にしましょう。

Planners Advice

1 一生の思い出だからと準備を張りきる人も多いですが、何よりも大切なのは体。無理は絶対に禁物です！

2 体調が悪いときは、電話やメールでの打ち合わせや自宅周辺までプランナーが出張するサービスを利用しましょう。

安定期に行う結婚式の準備と心構え

準備　妊娠 2〜4か月ごろ

母体が一番大切なので無理は絶対にしないこと

妊娠を自覚してから間もなく、つわりが一番重い時期に準備に入るため心身ともに不安定に陥りやすい。心配なときは彼や周囲の人を頼り、体調の変化を感じたら病院へ行くとよい。準備は信頼できるウエディングプランナーと出会えれば計画も楽しくすすみ、打ち合わせ回数も最小限に抑えられるので体調を最優先に考えられる余裕が生まれるはず。

当日　妊娠 5〜7か月ごろ

体調がよくても無理をしてはいけません

体調や精神面は安定するものの、５か月と７か月では体型が大きく変化する。その分親になる喜びをかみしめられる。無理をしないよう動きを極力減らし、少しでも疲れを感じたら休めるようにしておきたい。

●5か月なら…

心身ともに穏やかな時期。おなかや胸は少しずつ大きくなる程度で、はっきりと目立つ前に当日を迎えられる。

●6か月なら…

おなかが目立つようになる。骨盤関節のずれにより腰痛が気になる時期なので、固定ベルトを着用するなど工夫して。

●7か月なら…

おなかが前にせりだすので転倒に気をつける。背中や腰の痛みが増す人もいるため、休憩を挟めるゆったり進行にするとよい。

このころの胎児は…

２〜４か月は受精卵から少しずつ頭と胴体の区別がつくようになり、人間らしい顔と体つきになっていく。その後骨格や筋肉が整う５か月、髪の毛が濃くなったり胎内を動き回ったりする６か月を経て、７か月には聴覚が発達し万が一早産になっても生きていける能力が備わっている。この３か月で体重も約250gから約1000gと大幅に増える。

妊娠後期に結婚式を挙げるには

もうすぐ赤ちゃんが生まれる喜びと、結婚式を控える幸福感の両方に包まれて準備できます。

準備期間も本番も適度に休憩を取りましょう

妊娠8～9か月の時期に結婚式を行う場合は、安定期に入ってから余裕をもって準備を始められます。

心身ともに安定してはいますが妊娠後期になるにつれて、さまざまな不調が増える時期です。おなかの張りを感じたり、頭痛や肩こり、足のむくみが頻繁に起こったり、トイレに行く回数が増えたりします。

月ごとに定期健診に行く頻度も増えるので、慌ただしく感じるかもしれません。決して無理をしないようにしましょう。

妊娠後期は再び体調が不安定になるので、当日の内容を詰め込み過ぎないようにしてください。体調の変化を感じたら適度に休憩できるよう、移動の少ない演出にしたり休憩を挟んだり工夫したプログラムを作成しましょう。

事前に周囲に妊娠を報告したり、あえておなかを強調した衣装を選んだりして招待客に理解を求めると、万が一何かあったときに協力を得られやすいでしょう。

妊娠7か月以降は切迫早産《せっぱくそうざん》や早産が起こる可能性があります。心身ともに疲れをためないよう、準備をするときに動き過ぎや睡眠不足にならないように注意してください。

Planners Advice

1 妊娠による不調はやむを得ませんが、なかなか回復しないようなら病院へ行きましょう。

2 疲れやストレスがたまりやすいので、彼や周囲の人のサポートを受けて負担をなるべく軽減させてください。

妊娠後期の結婚式の準備と心構え

準備　妊娠 5〜7か月

体型の変化に対応しつつ
準備をすすめる

赤ちゃんの成長が著しく、おなかも大きくなっていく。せり出すおなかを支えようと腰に負担がかかりやすくなるので、正しい姿勢を意識したり骨盤固定ベルトを用いたりして腰痛対策を。打ち合わせや準備中、長時間同じ姿勢が続くのも避けたい。また、結婚・出産準備以外の予定も挟んで、リフレッシュしながらすすめるとよい。

当日　妊娠 8〜9か月

慌てずに周囲へ
報告をすませる

おなかが大きくなって動きにくいのと同時に、結婚式の準備や当日の緊張などから疲れやすい状態に。プログラム進行中はなかなか休憩を取りづらいものの、それ以外の場面では意識的に休みを挟むようにして。

●8か月なら…

子宮が胃や心臓を圧迫するので、食欲不振や動悸などが起こりやすくなる。疲れるとおなかが張るので、無理をしないように。

●9か月なら…

8か月よりさらにおなかが張ったり、足の付け根が痛んだりしやすくなる。もしものときを想定して、病院とも連絡を取っておくと安心。

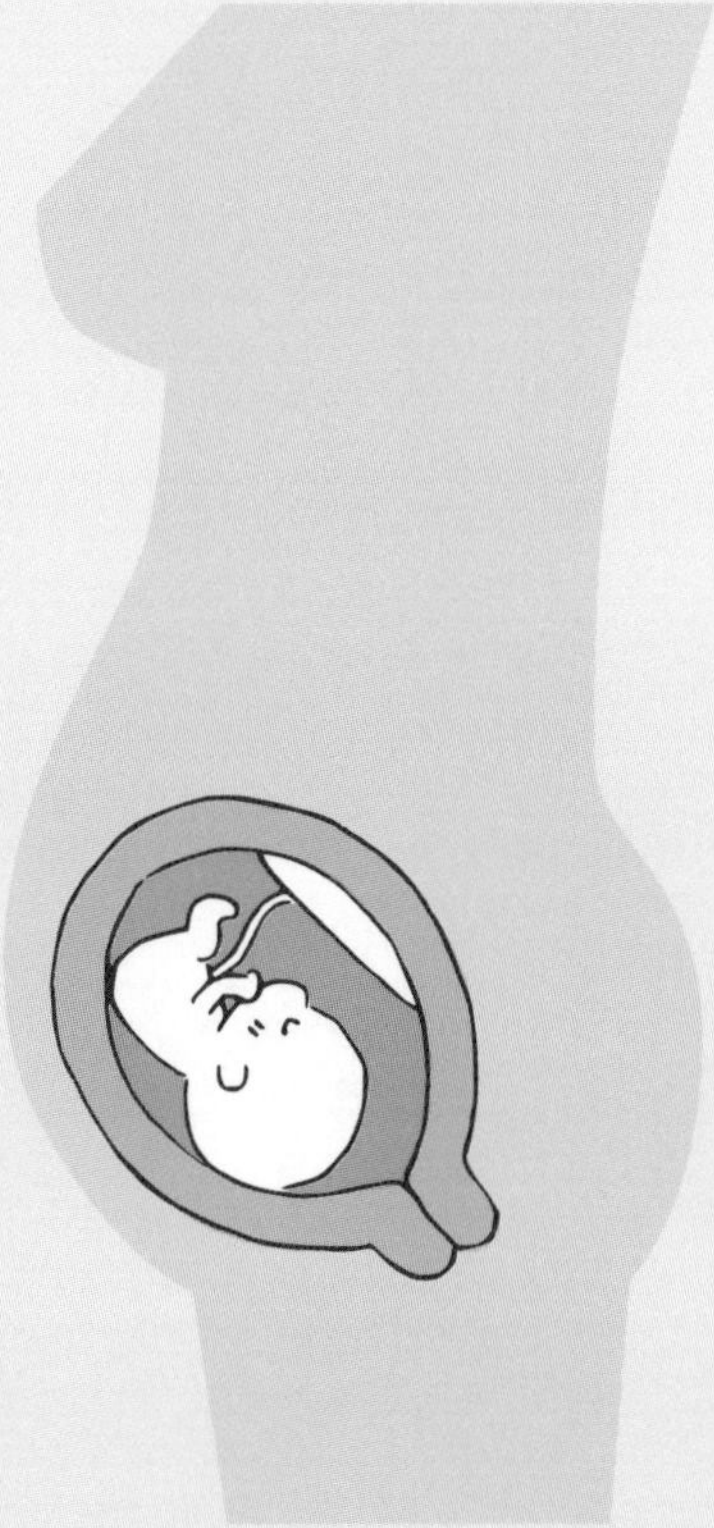

このころの胎児は…

5か月から7か月の間に聴覚が発達したり胎動が感じたりするようになり、乳歯や指紋の元など細かな機能が形成される。8か月に入ると呼吸の練習を始め、外に出る準備をするようになるので、いつ出てきてもおかしくない。とくに9か月以降は結婚準備と合わせて、赤ちゃんを迎えられる準備をしておくとよい。

ウエディングプランナーとうまく付き合うには

短い期間ではありますが、うまく相談して一生の思い出となる結婚式を作り上げましょう。

プランナーとの三人四脚で結婚式を成功させましょう

ふたりの希望を元に結婚式をコーディネートしてくれる人をウエディングプランナーといいます。ふたりの希望を聞き出しながら一緒に計画をすすめてくれる人です。

プランナーとの打ち合わせは結婚式当日までに3~5回行うのが一般的ですが、授かり婚では準備開始から当日まで日数が少ない場合が多いので、自分たちの思い描いているイメージややりたくないことを明確にして、きちんと伝えられるようにしておきましょう。メールや電話での打ち合わせを受け付けてくれるケースも増えています。

打ち合わせ回数は少ないですが、理想通りの結婚式にするために、疑問や不安は遠慮せずに相談しましょう。プランナーとの関係を良好に保ちたいとの理由から、「本当はここをちょっと変えたいのだけど……」と思う気持ちを飲み込んでしまうカップルが多いようですが、意見は率直に伝えて構いません。

一方で次の打ち合わせまでに用意するよう頼まれた課題は、期日までに必ず準備しましょう。

ふたりの納得のいく結婚式になるようウエディングプランナーをうまく味方につけましょう。

Planners Advice

1 ふたりの希望が決まらないとなかなか先にすすめません。好みではないことからでもよいので意見を明確にしておきましょう。

2 ウエディングプランナーへは妊娠していることを早めに伝えてください。体調が悪いときは打ち合わせの日程変更も可能です。

ウエディングプランナーと付き合うポイント

ウエディングプランナーへ伝えておくこと

- □ 妊娠経過と母体の体調
- □ 希望する結婚式の時期
- □ 衣装や演出などの希望
- □ 結婚式にかけられる予算
- □ 演出や装飾でやりたいこと
- □ 結婚式についての疑問や相談したいこと
- □「こんな結婚式にしたい」というイメージ

など

Point 1 妊娠していることは早めに伝える

妊娠中かどうかは意外と他人には気づかれないもの。最初から妊娠がわかっていれば、家の近くで出張打ち合わせができたり、飲み物や空調に気を配ってくれたりする。また、結婚式当日の段取りにも関係するので事前に伝えておくとよい。

Point 2 時間や約束をしっかりと守る

面会して打ち合わせる際もメールや電話でやりとりする場合も、伝えたいことや質問の内容はメモにまとめておき、簡潔に聞けるように用意する。打ち合わせの日程を変更したい場合は、なるべく早めに連絡をする。

Point 3 要望などは遠慮せずに伝える

ウエディングプランナーとの関係は短い期間で築かなければならないので、より多く話すことが成功の秘訣。提案や希望ははっきり伝えたほうがよい。万が一、担当者との関係を不安に感じたら、会場へ相談し別の人に代わってもらうこともできる。

結婚式のスケジュールのすすめ方

限られた時間のなかで準備しなければならないので、最初に行うことを確認してください。

こだわりポイントを軸に効率よく検討していきましょう

結婚式の準備には、決定したり手配したりしなければならないことがたくさんあります。授かり婚では妊婦健診や出産準備も並行して行い、忙しくなるので何ごとも計画的に準備するようにしましょう。

まずは次の4つのことを決めます。

①希望する結婚式のテーマやスタイルを明確にしましょう
②結婚式の時期を決めましょう
③結婚情報誌やインターネットから情報を集めましょう
④ふたりの結婚資金を把握して、招待客の人数もおおまかに決めます

これらを明確にしておくと、準備をすすめながら困ったときの判断基準にもなります。

この4つが決まれば、インターネットの結婚情報サイトなどを利用して予算や招待客の人数、挙式スタイル、会場タイプを地域ごとに簡単に絞ることができます。

時間や体調が許すのであれば、目星をつけた会場の見学会やブライダルフェアなどに参加してイメージをふくらませてもよいでしょう。

ただし張りきりすぎは禁物です。体調の様子を見ながら、可能な範囲で吟味してください。

Planners Advice

1 両家の親にも必ず相談しましょう。準備中や当日に心強い支えとなってくれるはずです。

2 新郎も積極的に準備に協力して新婦の体をいたわりましょう。

結婚式の準備　基本の流れ

1 ウエディングプランナーまたは会場に相談する
↓
2 挙式と披露宴のスタイルを決める
↓
3 会場を正式に予約する
↓
4 招待客をリストアップし、決定する
↓
5 衣装を試着する
↓
6 ヘアスタイルや小物を決定する
↓
7 招待状を制作する
↓
8 披露宴の内容を決める

- 料理メニュー
- 演出の内容
- BGM
- 引出物
- プログラム
- 装飾

など

9 係の依頼をする

司会、受付、スピーチ、余興など

↓
10 結婚指輪を購入
↓
11 招待状を発送する
↓
12 プログラムを決定する
↓
13 挨拶、スピーチの文面を考える
↓
14 会場担当者、司会者と最終打ち合わせ
↓
15 衣装の再試着、ヘアメイクのリハーサル
↓
16 御礼や御《お》車代《くるまだい》の用意
↓
17 結婚費用を前払い
↓
18 結婚式の最終準備

授かり婚に適した会場とは？

通常の選び方と差はありませんが、授かり婚ならではの特典を用意している会場もあります。

イメージと体調を考えて適した会場を選びましょう

結婚式は「ホテル」「専門式場」「ゲストハウス」「レストラン」などで行うのが一般的です。

「ホテル」は宿泊も可能なので遠方からの招待客も招きやすいのがメリットです。「専門式場」は本格的なチャペルや神殿をそなえており、会場に慣れた専属のウエディングプランナーがいます。「ゲストハウス」での結婚式は豪華な一軒家を貸し切って行うので、演出の幅が広がりアットホームな雰囲気も加えられます。「レストラン」は、招待客をおいしい料理でもてなしたい人におすすめです。

どの会場を選ぶ場合でも雰囲気やコストパフォーマンス、スタッフの対応のよし悪しを確認しておくことが大切です。

また授かり婚の場合、専用のお得なプランや特典が用意されていることがあります。例えば当日の宿泊代や衣装代などの割引、子どもが生まれたあとに家族みんなで記念撮影ができるサービスなどです。

さらに妊娠中は匂いに敏感になることを考慮して、香りの控えめな装花を用意したり、無香料のメイク用品を使用したりと細かな気配りをしてくれる会場も増えています。

Planners Advice

1. 授かり婚カップルの増加にともない、特典やサービスが充実しています。賢く利用しましょう。
2. 授かり婚だからといって、会場選びが制限されるわけではありません。理想を叶えられる会場を探してみましょう。

授かり婚に対応した会場選び

1 交通アクセス

なるべく近場を選んで
体への負担を最小限に

数回ある打ち合わせや結婚式当日の体調を考慮して、自宅に近い会場を選ぶ。とくに「電車の乗り継ぎがない」「車で30分かからない」など交通の便がよいところがおすすめ。

2 控え室が広い

無理をしないよう
もしものときを考える

体調が悪くなっても、落ちついて休憩がとれるよう広めの控え室があるかどうかは重要。また控え室から披露宴会場までの距離や、段差がないかもチェックしよう。

3 階段がない

会場内に
危険がないかチェック

妊娠中はおなかが大きくなるにつれて前にせり出し、体のバランスがとりにくくなる。転倒の危険があるので、階段や段差の多い会場は避ける。らせん階段の演出もタブー。

4 スタッフの知識

表面上だけでないか
チェックしたい

ある程度妊娠に知識のあるスタッフがいる会場だと安心。「授かり婚プラン」を設けていても、実際には知識や経験の少ない担当者にあたる場合があるので注意を。

5 料理メニュー

授かり婚ならではの
特典が利用できる

妊娠中の体を気づかい、栄養バランスのとれたメニューを新婦用として別に用意してくれる会場がある。匂いに敏感になったり、味の好みが変わったりするのでぜひ活用したい。

招待客の決定と招待状の送り方

ふたりの結婚を一緒に祝ってもらいたい人に、ぜひ来て欲しいという思いを伝えましょう。

優先順位をつけたリストで絞り込むとわかりやすい

まずは主賓《しゅひん》や恩師、親戚、上司、親友など呼ぶべき人を優先して決め、次に呼びたい人をピックアップします。

招待客を決めるときには人数がオーバーしないようにしましょう。ただし出欠にともない調整が必要なので、約10人の増減は考慮します。肩書やふたりとの関係をメモしてリスト化しておくと便利でしょう。

おおよその招待客が決まり、絞り込む際は、相手の都合を考えます。遠方の招待客を招くなら宿泊先の手配や御《お》車代《くるまだい》の準備が必要です。また妊娠中や子どものいる人なら出席できる状態かを考えます。

さらに、会場のキャパシティや予算にも限りがあるので、ひとつのテーブルに何人着席できるのか、招待客をまとめて座らせられるかなどの「席次」(69ページ参照)を考えながら人数を微調整しましょう。

招待状は突然送りつけるのではなく、直接会うか電話などで事前に報告します。連絡しておくと、およその人数把握ができるメリットもあります。スピーチや余興を頼む場合も、あらかじめ内諾を得てから依頼の旨を書いたカード(付箋紙)を招待状に同封するようにしましょう。

Planners Advice

1 親戚を招待する場合は親にも相談し、リストを確認してもらってもれがないように気をつけましょう。

2 親戚、職場関係、友人などに分けてリスト化し、会場の収容人数や両家のバランスを考えて調整してください。

招待状の書き方と発送の仕方

拝啓
春たけなわの季節となりました
皆様にはますますご清祥のこととお慶び申し上げます
さてこのたび、私たちは結婚式を挙げることになりました
つきましては日ごろお世話になっている皆様をお招きして
ささやかながらの披露宴を催したいと存じます
ご多用中に恐縮ではございますが、
ぜひご出席くださいますようご案内申し上げます
敬具

平成○年○月吉日

山本　隆
　　　優子

記

日時　平成○年 × 月△日
　　　午後1時開宴

場所　×× ホテル
　　　東京都千代田区○○○○○
　　　電話　03（0000）× ×××

お手数ながら○月○日までに
同封の葉書にてお返事いただけると幸いです

1 差出人を決める

差出人の名前は両家の父親か、新郎新婦のいずれかにするのが一般的。招待客や結婚式の雰囲気に合わせて決める。

↓

2 招待状を作成する

業者に手配するか手作りする。日時、会場の場所、電話番号、新郎新婦の名前、返事の締め切り、媒酌人《ばいしゃくにん》の名前を記す。

↓

3 宛名を書く

現在は印刷が多いが、筆耕をプロに依頼するケースもある。切手貼りは自分たちで行う。

↓

4 封入作業をする

同封するものをセットにし、送る相手を確認してカード（付箋紙）を封入する。切手は慶事用のものを用いる。

↓

発送

招待状に同封するもの

- □ 出欠返信用ハガキ
- □ 会場案内・地図
- □ 遠方の方への案内

招待状のほかに会場までの地図やスピーチ、余興のお願いを書いたメッセージカードなどを同封する。返信用ハガキには慶事用の切手を貼ること。

返信には最短で2週間必要！

招待状は届いてから送り返す時間はもちろん、相手が日程を確認したり調整したりする時間を考慮する必要がある。意外と時間がかかる作業なので、準備は早めに行いたい。

スタイル別　結婚式の準備

結婚式にはさまざまなスタイルがあるので、準備の仕方を確認してから考えてもよいでしょう。

フォトウエディング

結婚の誓いとともに思い出を写真に収めます

授かり婚の場合、結婚が急に決まったり出産準備に追われたりして、結婚式をしない選択をするカップルもいます。しかし「フォトウエディング」を選んで、一生に一度の思い出を記念に残す方法もあります。

フォトウエディングでは、ウエディングドレスや白無垢《しろむく》など結婚式で着用する衣装を着ることができます。洋装か和装あるいは両方を選べるうえ、スタジオでの一般的な撮影だけでなく結婚式場やロケーション撮影を選択できる場合もあり、バリエーションは豊富です。

準備はまず、どんな業者があるのかを調べることから始めます。費用がどれくらいかかるか、どんなプランがあるかを希望や予算と照らしながら考えましょう。一般的な結婚式のように「フェア」を開催して、どんなプランがあるか実際に確かめられるサービスもあります。

業者を絞ったらインターネットや電話で問い合わせ、撮影プランを具体的に話し合ったり、衣装を試着したりします。撮影自体はヘアメイクから撮影を合わせても約4時間くらいで終えることができます。妊娠中であることを伝えれば、スケジュールなどを考慮してくれる場合もあります。

撮影したデータは後日まとめて送ってくれます。気に入った写真を選ぶと、40～50日ほどで手元に届きます。

挙式のみ

リーズナブルにすばやく挙式をすませられます

「準備期間があまりない」「予算を多くかけれない」などの原因で挙式と披露宴の両方を諦めようとしているカップルには、挙式のみがおすすめです。

授かり婚に限らず挙式のみを行うカップルは多く、そのサービスを提供している業者も増えているのでプランもいろいろ用意されています。とくに親族との食事会が含まれたプランが人気です。家族や親友など限られた人数を招待して少人数にしたり、ふたりだけで挙式したりするという選択肢もあります。

披露宴を行わなくても、通常通りブライダルフェアや相談会などを利用して会場を見学します。打ち合わせ回数や準備日数も少なくすみ、スピーディに結婚式をすませることができるのでとくに授かり婚カップルに向いています。

レストランウエディング

結婚式向けのレストランを選ぶと準備がスムーズ

おいしい料理で招待客をもてなせるレストランウエディングは、食事にこだわりたいカップルにおすすめです。

どのレストランを選ぶかによって、結婚式の雰囲気を「華やか」にも「大人っぽく」にもすることができます。あまり大勢を招待できない分招待客との距離が近く、アットホームな雰囲気を作れるのも魅力のひとつです。

普通のレストランでは新郎新婦が着替えなどを行う控え室や、招待客に待機してもらえる場所がないかもしれません。結婚式を行いやすいレストランを選びましょう。また映像を流すプロジェクターなど、演出に用いる設備が整っているかも確認してください。

キリスト教式や神前式など、レストラン内に挙式のセッティングができることもあります。

神前式

厳かな雰囲気で根強い人気があります

神道《しんとう》の教えに基づいた日本の伝統的な挙式スタイルが「神前式」です。神社や結婚式場の神殿などで、厳かな雰囲気のなか結婚を誓います。

キリスト教式の次に選ばれるスタイルで、近年は若い女性にも好まれる和風モダン柄の衣装もそろっています。またウエディングドレスよりも年齢を問わずに着られる点も人気です。妊娠中なので帯でおなかを強く締め付けられないように注意しましょう。

原則的に招待できるのは親族のみに限られますが、会場によっては友人も列席できる場合もあります。

「三献《さんこん》の儀《ぎ》」や「玉串奉奠《たまぐしほうてん》」など、日ごろなじみの薄い作法も多くあります。神社での基本的なお参りの仕方はもちろん会場となる神社のしきたりを学んだうえで挙式できるようにしてください。

仏前式

前世からの結びつきを仏や先祖に感謝します

仏前式は「一度結ばれると来世でも縁がある」という仏教の教えに基づいた挙式スタイルです。ふたりの出会いや結婚に至る縁を、仏や先祖に感謝しながら「結婚を報告する」という考えのもとで行います。

寺院か自宅の仏前で行うのが一般的ですが、寺院で挙式する場合はふたりのどちらかが挙式を行う寺院の宗派に属している必要があります。ホテルや結婚式場でも行える場合があるので探してみてもよいでしょう。

衣装は神前式と同じく新婦は白無垢《しろむく》、新郎は羽織袴を着用するケースがほとんどです。

挙式料は10～20万円と控えめですが、衣装や着付け代などは含まれません。また、披露宴を行う場合は会場を別に用意する必要があります。

会費制ウエディング

新郎新婦も招待客も気軽な気持ちで行えます

招待客からご祝儀をもらう「招待制」とは異なり、一律の会費をもらって結婚式を行うカップルも増えています。

もとは北海道で90％以上のカップルが行っていたスタイルですが、近年は地域を問わず会費制が取り入れられています。

ご祝儀よりも少ない額の会費でまかなうので、招待客にとっての負担が軽くなり友人も多く呼ぶことができます。ただしその分人数が増えて、新郎新婦との交流が減ってしまう場合があるので気をつけましょう。

かつては招待制に比べて披露宴の質が落ちるイメージがあったものの、最近では遜色ないプランを用意している会場も増えています。プランがパック化されていないとふたりの費用負担が多くなることもあるので注意して。

リゾートウエディング

日本国内であれば実現可能の結婚スタイル

沖縄や軽井沢など国内のリゾート地での挙式は準備に時間がかかるイメージがありますが、通常と同じく少なくとも3か月あれば行えます。

打ち合わせはメールや電話、家の近くにある支店で行って、前日に最終確認をすればよいので授かり婚だからといって諦める必要はないのです。また会場の場所や時期によっては、一般的な挙式より割安になる場合もあります。

宿泊先の手配や交通費の負担を考慮するとあまり多くの招待客を招けませんが、その分ひとりひとりに気を配ることができるでしょう。

海外リゾート地での結婚式は、飛行機などでの移動時間を考えると通常より苦労が多く、妊娠中の新婦には不向きかもしれません。行う場合は主治医とよく話し合ってください。

結婚式のさまざまな準備 決め方のポイント

用意しなければならないことがたくさんあるので、もれがないようしっかり確認しましょう。

こだわるところと頼るところを分けるとスムーズです

結婚スタイルや会場などを決めたあとも「席次」「婚礼料理」「ウエディングケーキ」「プログラム」など考えることは山積みです。

ふたりにとっても招待客にとっても思い出となる披露宴にしようと、細部にまでこだわりたい気持ちはわかりますが、出産準備と一緒にあれこれ考えるのは大変です。「どうしてもこれだけは自分で考えたい」というもの以外は、会場が用意しているプランを利用して負担を軽減しましょう。

ウエルカムボードなどの小物類は友人に頼むのもひとつの手です。受付、スピーチ、余興などの係を手配するのと同じタイミングで、協力を依頼するとよいでしょう。

それぞれについて決めるときにふたりの意見が食い違うことがあるはずです。そんなときは一度、最初に決めた結婚式のテーマを思い出し、どちらがより招待客のためになるかを考えてください。また新婦は妊娠中で体力的にも精神的にも不安定になりがち。どうしても決めきれないときには新郎が一歩引くなどして新婦を気づかうようにしましょう。

お互いに思いやりをもって準備しながら、絆を深めることが大切です。

Planners Advice

1 迷ったり不安に思ったりすることがあったら家族やウエディングプランナーに相談を。よいアイデアが生まれるかも。

2 ある程度の道筋は自分たちで決めておいて、細かなところはウエディングプランナーに任せるとよいでしょう。

席次

招待客に楽しんでもらえる席次を考えます

招待状の返事をもとに、最終的な招待客の人数を把握し、それをもとに席次を考えます。まだ返事のない人には、電話などで出欠を確認します。あくまでも招待する立場なので、一方的にならないよう気をつけてください。

席は「高砂《たかさご》」とよばれるメインテーブルに向かって右が新婦側、左が新郎側の招待客が座るという決まりがあります。また上座は新郎新婦に一番近い席で、主《しゅ》賓《ひん》が座り、それ以降会社の関係者、友人と続き、親族や家族はふたりからもっとも離れた下座に座ります。両家の両親は高砂からさらに一番遠い末席に座るのがマナーです。

近年多い傾向にある丸テーブルの場合、同じテーブルの人同士が楽しんでもらえるよう、テーブルごとに関係者をまとめる工夫をしましょう。

【 丸テーブルの席次例 】

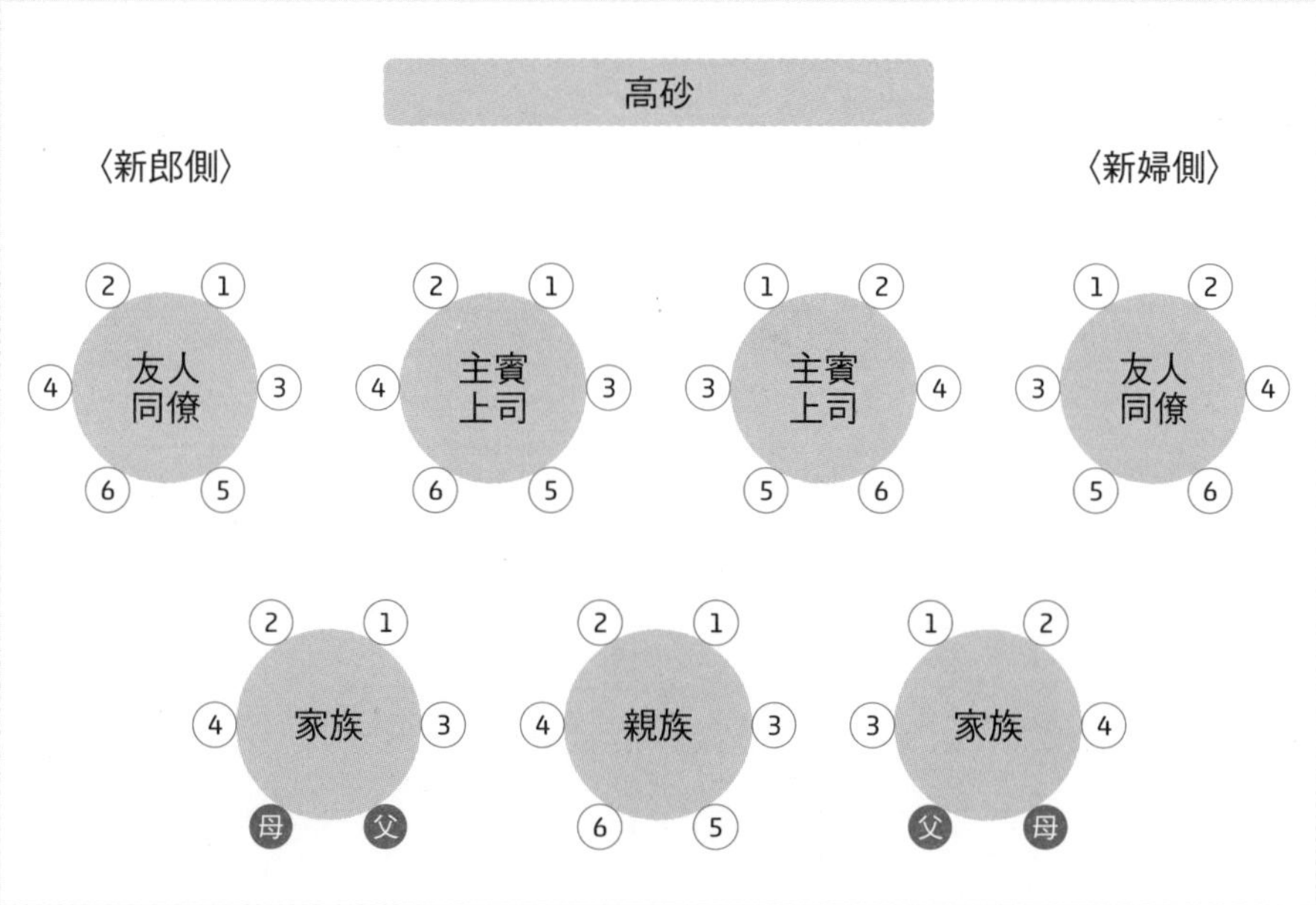

人数の調整が行いやすいというメリットや、同じテーブルの人が全員会話することになり和やかな雰囲気にすることもできる。

婚礼料理

招待客を第一に考えて
事前の試食も忘れない

婚礼料理は招待客が楽しみにしているものであり、どんなメニューにするかで新郎新婦のもてなし力が問われる部分でもあります。

一般的には和食、洋食、和洋折衷、中華などのジャンルから選択します。自分たちの好みより招待客の年齢層から食べやすいものを選んでください。お年寄りや子ども、アレルギーのある人を考慮できるとなおよいでしょう。

授かり婚の場合は、妊婦の体調を気づかって栄養バランスのとれたメニューを別に用意してくれる場合もあります。

飲み物はフリードリンク制とパック制があります。パック制では一定量を超えると追加料金が、フリードリンク制では対象外のドリンクに別料金が発生するので、招待客の年齢層と人数に合わせて決定しましょう。

ウエディングケーキ

ふたりが好きな形を選んで
招待客を楽しませて

ケーキカットや、切り分けたケーキをお互いに食べさせるファーストバイトなどの演出で用いるウエディングケーキは、こだわりたいことでしょう。最近は生ケーキやオリジナルケーキが人気です。

またミニシュークリームを積み上げたクロカンブッシュもインパクトが大きく、選択するカップルが増えています。

結婚指輪

時間をかけて
長年愛用できる指輪を

一生身につけられる結婚指輪は慎重に選びましょう。選ぶときは必ず試してみてください。また予算、デザイン、素材のほか、お店のアフターサービスにも注目しましょう。

結婚式当日の約1か月前までに購入をすませます。刻印などを頼む場合は、早めに準備しましょう。

プログラム

ふたりはもちろん招待客を飽きさせない工夫が大事

披露宴の基本的な流れは会場側が用意しているので、そこにふたりならではの演出を少し加えてアレンジするとよいでしょう。

ふたりが絶対に取り入れたいことを活かしつつ、招待客をもてなす気持ちを大切にして何をすれば喜んでもらえるかを考えてください。

新婦がブーケを背中越しに投げるブーケトスなど参加型の演出ならみんなで楽しむことができます。あるいは新婦の体調を考慮してプロフィールビデオ上映など、新郎新婦があまり動かなくてもよいものでも構いません。

長丁場の披露宴で招待客を飽きさせないようメリハリをつけつつ、新婦が無理をしない進行を心がけましょう。お色直しを兼ねて休憩を長めにとる場合は、その間についてもよく考えて。

披露宴の基本的な流れ

1. 新郎新婦の入場
2. 開宴の挨拶（ウエルカムスピーチ）
3. 主賓《しゅひん》の祝辞
4. 乾杯
5. ウエディングケーキの入刀
6. 会食・歓談
7. お色直し
8. 新郎新婦再入場
9. 余興スピーチ
10. 両親への手紙 贈り物贈呈
11. 両家代表挨拶・新郎挨拶
12. お開きの挨拶
13. 招待客の見送り

引出物・プチギフト

招待客が喜ぶものをよく検討して

披露宴に出席してくれた招待客には、感謝の気持ちとともに引出物やプチギフトを渡します。

品物はふたりの趣味を押しつけるのではなく、相手の立場で選ぶことが大切です。招待客に喜んでもらえるもので、かつ持ち帰るときにかさばらないものがよいでしょう。

カタログギフトは人気があり商品の幅も広がっています。相手が品物を自由に選べたり荷物にならないメリットもありますが、そっけない印象があったり値段が相手に知れたりするので内容をよく検討して選びましょう。性別や年代ごとに贈る物を変えて「贈り分け」するケースもあります。

引出物に添えてバームクーヘンなどの「引菓子」や地域の特産品を渡してもよいでしょう。

ペーパーアイテム

結婚式にはたくさんのペーパーアイテムが必要

「席次表」や「席札」などのペーパーアイテムは、式場提携の業者に発注するか自分たちで制作します。業者に頼むと、途中で変更があった場合でもすぐに対応してもらえたり誤字脱字を防げたりするので便利です。どうしてもこだわりたいもの以外は任せるとよいでしょう。

[席次表]

招待客の席がすべて書かれている図。名前のほか、肩書や新郎新婦との関係性を記す。招待客の人数が確定したら、席次を考えながら作成する。見てすぐわかる作りを心がける。

[席札]

各テーブルの席に招待客の名前を書いて置くもの。すぐ着席できるよう、見やすさを重視して。手書きのメッセージを添えると喜ばれやすい。書き間違えないよう注意を。

[メニュー表]

当日ふるまわれる料理がどんなメニューかを解説するもの。料理の写真やこだわりポイント、試食した感想などを掲載するとおもしろい。ドリンクのメニュー表があると親切。

[プログラム]

結婚式がどんなスケジュールで行われるか記載する。新婦の体調によって休憩を挟む場合、あらかじめ書いておけば招待客にもゆとりをもって参加してもらえそう。

係の依頼

新郎新婦に代わる役割でサポートをお願いして

当日忙しい新郎新婦に代わり、受付や会計などの係を誰かに頼む必要があります。プロに依頼したほうがよいものと友人に頼めるものがあるのでよく確認しましょう。

プロに頼んだほうがよいのは司会や撮影係です。経験の豊富さからハプニングにも落ちついて対応でき、トラブルも最小限に抑えられます。

一方、受付やスピーチ、余興、二次会幹事などは新郎新婦と縁のある友人にお願いするとよいでしょう。その人の性格を考えて、誰にどの役割をお願いするか判断してください。準備に時間がかかるので、直接会うか電話で打診してから依頼します。

また主賓《しゅひん》などにスピーチを頼む場合は、招待状とは別に手紙を送ってから頼むとよりていねいです。

【係の内容】

係	人数	仕事内容と適任
受付	4	招待客を出迎えてご祝儀を預かり、芳名帳《ほうめいちょう》と一緒に会計係に渡す役割。結婚式の印象を左右するので、明るく元気な人に向いている。一般的には新郎新婦の友人から１～２名ずつ選ぶ。
会計	2	受付から渡されるご祝儀と芳名帳の確認や保管など、当日のマネー管理全般。大金を扱うため家族や親戚など、両家からそれぞれ１名ずつ依頼すると安心。
司会	1	進行や新郎新婦の紹介などを行う大事な役目。友人だと打ち合わせに参加してもらうなどの負担をかけるので、プロに任せるとよい。会場側が手配した人なら、会場スタッフとの連携もバッチリ。
スピーチ	1	新郎新婦それぞれの主賓のほか、ふたりと親交がある友人ら１～２名に依頼する。話題が重複するのを避けて職場関係、高校時代の同級生など分けて選ぶとよい。
余興	複数	歌やダンスなどで披露宴を盛り上げる。新郎新婦の同僚や友人からそれぞれ１～２組ずつお願いする。人前でも緊張しない人や、演奏などが得意な人に頼む。
二次会幹事	2	新郎新婦の代わりに二次会の手配や進行を行う。新郎新婦それぞれの友人にお願いすることが多い。普段から幹事役に慣れている人やリーダーシップのある人などに頼む。

新郎の挨拶

参加、協力してくれた招待客に向けて感謝を伝えて

新郎は披露宴の最後、結婚式に出席してくれた招待客に向けて「謝辞」を述べます。

原稿は400字前後、約2分を目安にまとめます。文面は「書き出し」から始めて、「招待客への感謝」「今後の指導のお願い」「結びの言葉」と続けます。みんなの前で御礼を伝えられるよい機会なので、感謝の気持ちを言葉であらわしましょう。新婦とのなれそめなどを盛り込んでもよいでしょう。

読むときは背筋を伸ばし、聞き取りやすいようハキハキと話すことを心がけます。口を普段より大きく開けて、ゆっくり話すように意識しましょう。

原稿は持たないのがマナーです。可能な限り暗記して、自分らしい言葉で招待客ひとりひとりに御礼を届けるようにすることが大切です。

(文例)

本日はご多用のところ、私たちの結婚披露宴にお集まりくださいまして、誠にありがとうございました。

現在、優子のおなかの中には新しい命が宿っております。妊娠5か月に入り、来年の春には、父と母になります。

優子の妊娠を知ったとき、本当に嬉しく思いました。と同時に、親になるということで、少し不安な気持ちも抱えていました。また、順序が逆になってしまったことに対して、優子のご両親には大変申し訳なく思っておりました。

しかし、優子のご両親にはあたたかく認めてくださり、孫の誕生を大変喜んでいただきました。

私と優子の両親、また会場にお集まりの皆様には、今まで助けられ、たくさんの愛情をいただきました。本当にありがとうございました。

未熟な私達ではございますが、これから生まれてくる子どもためにも、より一層がんばっていく所存です。今後ともご指導よろしくお願いいたします。

本日は、誠にありがとうございました。

Point 子どもの誕生についての意気込みを述べる

謝辞の結びには新生活の決意や抱負を入れるのが一般的。授かり婚の場合、赤ちゃんが生まれることを報告し、これから親になる思いを述べるとより説得力が増す。

花嫁の手紙

両親に育ててくれた感謝を述べましょう

新婦が親に宛てた感謝の手紙を朗読する場面は、結婚式の大きな見せ場のひとつです。

当日直前は慌ただしいので1週間前には仕上げて、読む練習をくり返します。新郎や仲のよい友人に聞いてもらい、読み方や速度などのアドバイスを受けてもよいかもしれません。

文面は起承転結を意識して、「書き出し」「両親とのエピソード」「結び」と続けます。ある程度普段通りの言葉づかいで書くと、素直な気持ちが伝わりやすくなります。いろいろなエピソードを詰め込みたくなるかもしれませんが、2〜3分で読み終わるよう600〜800字にまとめてください。

前置きを短くしたりわかりやすいエピソードを選んだりして、招待客にも共感してもらえる内容にしましょう。

Point　感情を込めてゆっくりと読む

涙で読めなくなっても親にきちんと感謝を伝えられるよう、深呼吸して心を落ちつかせ少しずつ読みます。どうしても読めないときは、新郎にサポートしてもらいましょう。

（文例）

お父さん、お母さん、これまで大切に育ててくれてありがとうございました。

結婚が決まる前に妊娠の報告となってしまったこと、ごめんなさい。
妊娠と結婚を報告したとき、お父さん、初めは許してくれませんでしたね。

敏夫さんが何度も「結婚したい」と挨拶に来てくれて、許してもらえたときには本当に嬉しかったです。しかも、結婚式は諦めようと思っていたのに、「優子のウエディングドレス姿が見たい」と、あと押ししてくれたおかげで、今日、憧れの結婚式を迎えることができました。

敏夫さんのご両親も、「孫ができる」と喜んで受け入れていただき、感謝しております。
妊娠初期はつわりがひどくて、結婚準備がなかなかすすまなかったのですが、両親のサポートのおかげでこんなに盛大な式をすることができました。

小さいころから愛情を注いでくれて、本当にありがとう。春には女の子が生まれる予定です。その子にも、敏夫さんと一緒にたくさんの愛を注いであげたいと思います。
これから先も、私たち家族をずっと見守っていてください。

優子より

産後に結婚式を挙げる場合

子育てのペースがつかめてから準備を始めて、家族みんなで結婚式をする方法もあります。

妊娠中は出産準備に専念し誕生後に報告も兼ねて

授かり婚の場合、おなかの大きさや体調を考慮して入籍後すぐに結婚式を行わないカップルも少なくありません。それでも「機会があれば行いたい」と思う人は多く、子どもが生まれたあとに落ちついてから結婚式を行うケースも増えていて、「パパママ婚」「ファミリー婚」などと呼ばれています。

準備は子育てのペースがつかめてきた時期、子どもがひとりで立てるようになるころ行うのが理想です。長時間一緒にいるのは難しいかもしれませんが、メインテーブルでパパとママの間に座っているだけでもかわいらしい演出になります。ぐずったり眠ったりしているときは家族や友人に任せられるよう事前にお願いしておきましょう。

ただし、育児に追われながらの準備はある程度の覚悟が必要です。可能であれば妊娠中も結婚式のイメージをふくらませておくと、育児に少し余裕が生まれて本格的な準備を始めるときにスムーズにすすめられます。

デメリットだけではありません。妊娠中には着られないドレスを選べたり、通常と変わらない演出を楽しんだりすることもできます。準備をみんなで行えば、夫婦や家族の絆をより深められるきっかけにもなります。

Planners Advice

1 子どものいるパパやママも気軽に招待できるので共感してもらいやすく、心からの祝福を得られます。

2 「パパママ婚」などのプランのある式場を選べば、子どもと一緒に気兼ねなく打ち合わせができます。

スケジュールの例

出産直後はとまどいや苦労がつきないものです。子どもの首が座り、育児に慣れてくる生後４か月ころから準備を始めると比較的スムーズです。

	結婚準備	子どもの成長
0か月		・授乳と睡眠をくり返す
1か月		・生活リズムができ始める
2か月		・指しゃぶりをする
3か月	育児が軌道にのり始めるころ	・首が座る
4か月	・問い合わせる	・寝返りする
5か月	・結婚式のプランを作成する	
6か月	・会場を決定する	
7か月		・お座りをする
8か月	・招待状を作成・発送	・ハイハイをする
9か月	・衣装の決定 引出物、進行の準備を始める	・人見知りが始まる ・大人のまねをする
10か月		
11か月		・つかまり立ちをする ・伝い歩きをする
12か月	・結婚式当日	・ひとりで立つ ・卒乳

準備で気をつけること

1 打ち合わせ

気兼ねせずに
やりとりできると理想的

授乳やオムツかえなどで大忙しの子育て中だという事情を配慮してくれる会場を選ぶとよい。回数は可能な限り減らし、ほかのカップルに気をつかわずにすむと安心。

2 会場選び

子ども目線に立って
不足のない会場を選びたい

子どもがぐずったり眠ったりしてしても大丈夫なように、控え室が披露宴会場のそばにあると安心。また会場内にキッズスペースがあると、子どもが飽きずに参加できるかも。

3 プログラムの作成

いろいろな状況を想定し
ゆとりのある構成に

お色直しなどの休憩時間をゆったり設けてプログラムに余裕をもたせると、授乳などでの中断がしやすい。突然退席してもよいように、スタッフと合図を決めておくとよい。

4 衣装選び

新婦にとって大切な時間
有効活用して

子どもを連れたまま試着するのは大変なので、パパの協力を得られるようにしたい。試着する衣装は、ドレスショップの店員に厳選してもらうと時間短縮になる。

5 二次会

周囲のサポートを
事前に依頼しておく

結婚式とは別の日に企画して早い時間から始めたり、長引かないよう幹事に調整を頼んだりと工夫を。子どもを両親などに預かってもらえるよう手配するとよい。

子ども参加の演出案

子どもを交えた演出にすると幸福感がより増します

報告も兼ねて子どもをお披露目する時間を設けるだけでも構いませんが、せっかく出産した後に結婚式をするなら子どもを主役にした演出を取り入れてもよいでしょう。

子どもの成長記録を映像で流したり、パパママから子どもに向けた手紙を読んだりする演出が一般的です。子どもがある程度成長してから行う場合は、リングボーイやフラワーガールを任せることもできます。

パパママ婚は親戚の子どもやママ友親子を招待するカップルが多いのも特徴的です。子どもたちが退屈せずに座っていられるよう、新郎新婦の入退場のエスコートをお願いしたりフラワーシャワーやキャンドルリレーを一緒に行ったり、参加型の演出を選ぶのもひとつの手です。また、料理のほかに子どもの好きなお菓子をテーブルに置いたり、デザートビュッフェやドリンクバーを用意したりしてみるのもおすすめです。

おすすめの演出例

- ドリンクメニューに子どもの名前をつけたカクテルを入れる
- スクリーンで子どもの誕生と成長記録を流す
- フラワーガール（花嫁の後ろを歩いて花をまく女の子）
- 3人で誓いのキスをする
- お色直しで中座するときに子どもを抱っこして退場する
- 最後に家族で記念写真を撮る
- 見送りのときに子どもを参列させる

など

マタニティライフのQ&A（妊娠初期編）

Q1 産院を選ぶときのポイントは？

A1 お産スタイルやサービス条件の合う場所を探して

出産施設には総合病院、大学病院、産婦人科医院、助産院などがあります。自宅からの距離や緊急時の医療体制、費用、病室の雰囲気、医師や助産師との相性など、よく下調べをして決定したほうがよいでしょう。産後も関わることがあるので、慎重に。

Q2 妊婦健診に行くときはどんな格好がいいの？

A2 内診しやすい格好で行きましょう

妊婦健診では内診台に上がることがあるので、診察がスムーズにいくよう着脱しやすい格好にします。パンツスタイルよりもスカートがおすすめです。また、病院の空調に対応できるよう、カーディガンを持っていくとよいでしょう。

Q3 妊娠して、やってはいけないことは？

A3 タバコやアルコールは絶対にNG

タバコやアルコールは母体と胎児にトラブルが起こる原因になることも。妊娠が発覚したら、絶対にやめましょう。また、激しい運動や高いものに手をのばす、重いものを持つのも避けて。

Q4 妊娠してからの食生活はどう変えればいいの？

A4 嗜好が変わるかも赤ちゃんによい食べものを

妊娠中は赤ちゃんの成長に必要な栄養素をとるように心がけましょう。赤ちゃんの先天性異常を防ぐといわれる葉酸や、妊娠時に不足する鉄、骨や血を作るカルシウムは積極的に摂取することをおすすめします。

「妊娠したらふたり分食べる」というのは間違いです。体重が増えすぎると妊娠高血圧症候群《にんしんこうけつあつしょうこうぐん》などの合併症を引き起こすリスクも高まるので、気をつけましょう。

妊娠初期はつわりで食欲がなくなったり、嗜好が変わったりすることもあります。果物やゼリーなど食べやすいもので構わないので口に入れるようにしましょう。

3章

ウエディングドレス選び方と演出案

妊娠してても素敵に
ウエディングドレスを着こなしたい！

そうなんです 結婚式の準備の中でその日が一番の楽しみで…
雑誌やパンフレット見まくってます

ご自身で予約される場合は ドレスショップに行く前に店員さんにできるだけ妊娠中であることをお伝えした方がいいですよ
意外と伝えられてないことが多いので…
事前に伝えてあればドレス以外の空間にそれなりの準備をしてもらえます
階段
スタッフの人数
カフェインレス
アロマ
などの配慮
そしてドレスはおなかが出てくるのを隠したいのか
アピールしたいのかまたはしてもよいのか
という意思を明確に伝えておきましょう

安定期でも5か月、6か月、7か月と体型が違うので
挙式当日は何か月になるのかということを伝えておくのも大切ですね
なるほどー
ほかに何か心がけておくことってあります？
そうですね…
体型が変わるので一般的なドレス姿のイメージは捨てる
ということは覚悟しておいたほうがよいかもしれませんね
覚悟？そんな大げさな…
大丈夫
私、妊婦に見られないくらいスレンダーだから

そしていざドレスショップへ!!
いらっしゃいませ
予約をした岡田です
岡田様ですね
こちらへどうぞ
わーステキ!!
ひとめぼれ♡
こちらマタニティ専用ウエディングドレスでございます
安定期（5～7か月）の方におすすめの形のドレスはこちらです
Aライン
プリンセスライン
エンパイアライン
胸下切りかえでおなかが目立たないデザインです

そしてあえておなかのふくらみをアピールしたいという方におすすめなのがこちら
ソフトマーメイド
サイズ選びのポイントはバストカップの大きめなもの
1～2カップ大きくなるということを考え試着時少しカパカパするくらいでOK
また披露宴は長く着席するので座ってみて余裕があるものを
背中部分が伸び縮みする生地を選ぶとよいですね
妊娠中は疲れやすいので着心地も大切です
軽くて動きやすいドレスを選びましょう

とりあえず試着してみたら?
うん
このドレスをお願いします
ひとめぼれの♡
かしこまりました
わくわく
モゾモゾ
モゾモゾ
し〜〜ん
おーいまだ?
ビクッ
ど…どうしよう…

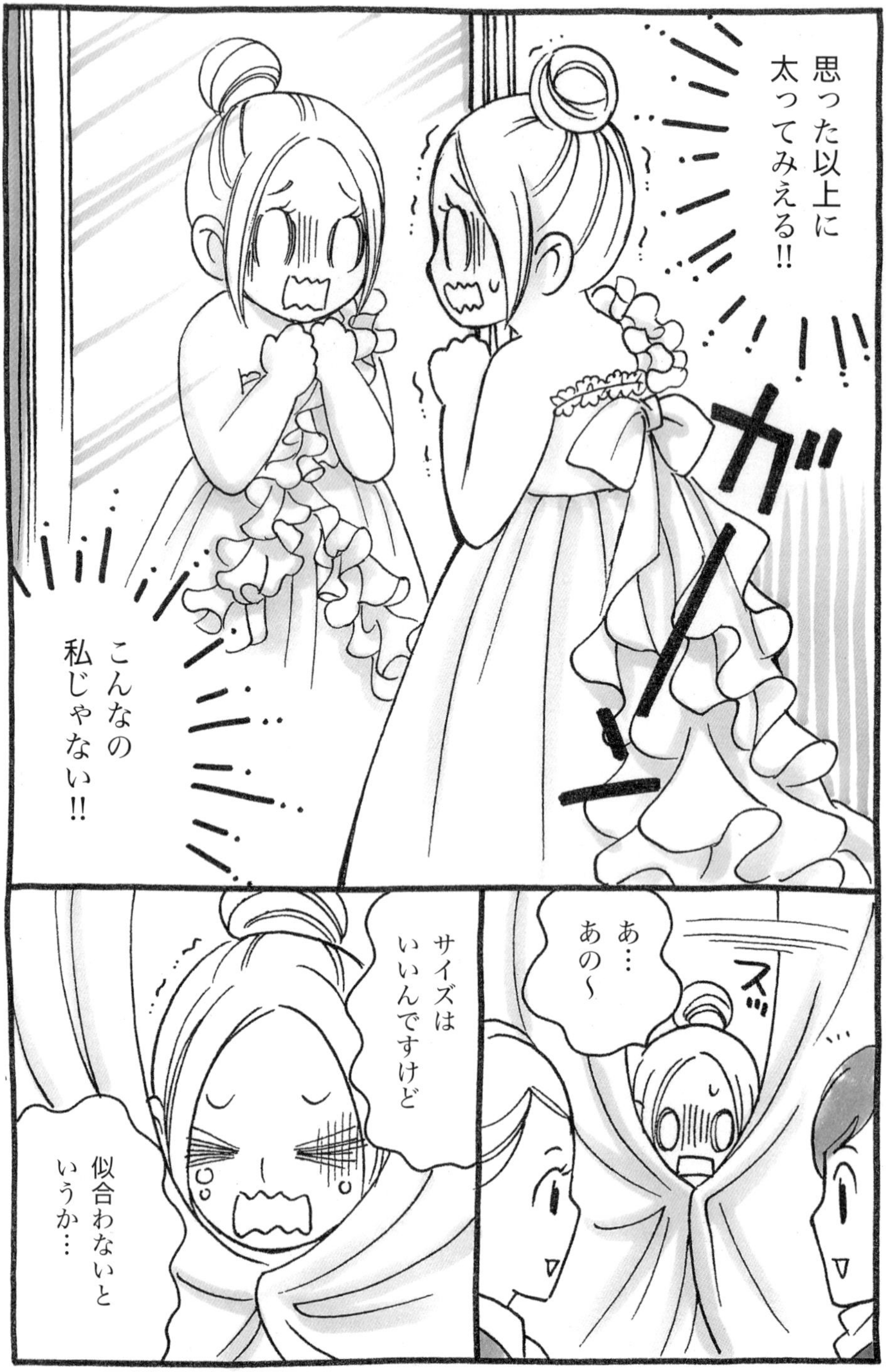
思った以上に太ってみえる!!
ガーン
こんなの私じゃない!!
あ…あの〜
ズ
サイズはいいんですけど
似合わないというか…

寿さんが言ってた意味がよくわかった!!
体型が変わるので一般的なドレス姿のイメージは捨てる
ということを覚悟しておいたほうがいいかも…
とにかく出てきなよ
う…
しょぼ～ん
だ…大丈夫かわいいよ
マタニティ期は体型が変わるのは当たり前です式当日はもっとおなかが出てきますよ
着丈の長さもよさそうですね
着丈は長すぎないドレスを選ぶことがポイント

ウエディングドレスの着丈ってすごく長いイメージがあるんですけど…
ぞろ〜
ヒールに慣れてる方でも着丈が足までくるドレスでの歩行は通常と違いますので
高いヒールは避けた方がいいため長すぎない着丈を選んでいただきます
おすすめの靴は低くて安定感のあるヒールのものです
太めのヒール
高さ3〜5cm
ピンヒールはNGですよ
そして大切なのはドレスだけじゃありませんよ
たとえば…

姿勢を正して笑顔でいるだけでもかなり素敵に見えますよ
×
○
妊婦さんはおなかをかばうため猫背になりやすいんです
猫背になると首や肩背中がこるので
それを解消するようなマタニティエステもおすすめですね
姿勢が戻ってきますよ
マタニティエステ興味あったんです
受けられるなら安定期に入ってからですね
安定期に入る前はNG
そして5か月以降の方はマタニティ用のインナーを使うと
よい姿勢を保つことができますよ
下から支える効果がある

さらにマタニティ花嫁さんの一番美しいのはデコルテです
美しさを強調するようなネックレスを
ただチョーカータイプのネックレスは
首輪に見えがちなので注意が必要です
ドレスに合わせてネックレスティアラなどを選ぶと視線が上にいき
おなかが目立たなくなる効果も
ステキに見えてきた!!
ブーケでもバランスはとれますよ

ブーケは大きめのもののほうが相対的なバランスがとりやすいですね
おなかをカバーしてくれます
そして横からの見た目がポイント
ブーケはキャスケードブーケと呼ばれる逆三角形のタイプですと
よりおなかが目立ちませんよ
ドレスに合った色の花を選ぶとアクセントになりますね
はい
ヒロミ鏡を見てごらん

キレイだよ
感動!!

本来試着時に「ピッタリ」「似合う」は残念ながらダメなのですが
挙式時にどうか？という観点で選びましょう
これなら大丈夫そうですね
よかった〜
胸のカップウエストまわりにも余裕があります
試着時段階と当日の仕上がりも変わるので
結婚式が近づいたら最終フィッティングして体が苦しくないように調節します
安心だね

万が一
体型があまりにも
変わった場合
ドレスチェンジを
ご検討いただかなければならないこともあります
はい…
結婚式がますます
楽しみになったね
うん
実はさ
さっきヒロミの
ウエディングドレス
姿を見て…
ほれ直し
ちゃったよ♡
じ〜〜ん

授かり婚　成功の秘訣 2

～ウエディングドレス 選び方と演出案～

その1　ウエディングプランナー、ドレスショップの店員には妊娠していることを早めに伝えましょう。

その2　自分の着たいと思うウエディングドレスのイメージの写真などがあればドレスショップに持って行きましょう。

その3　ドレスを着たときのおなかの目立ち具合を考えてドレスを選びましょう。

その4　ウエディングドレスは重さや締め付け具合など、体に負担のかからないものを選びましょう。

その5　マタニティ期は体型が大きく変化するので、一般的なドレスのイメージは捨てましょう。

その6　ブライダルエステはマタニティ用のプランを選び、無理をしないようにしましょう。

その7　披露宴の演出は新婦の負担にならないように、演出方法を工夫しましょう。

妊娠中に体型や肌はどのように変化する？

安定期を過ぎるころから体型が変わってくるので、衣装選びは慎重に行いましょう。

体型の変化は幸せの証 ギャップを受け入れましょう

妊娠すると女性ホルモンの影響で、体にさまざまな変化が起こります。

胸は通常よりも1〜2カップは大きくなり、二の腕や足はむくみやすくなります。また、胎児が成長するにつれておなかも大きくなり、ウエストのくびれもなくなります。

衣装試着はデザインを選ぶときと最終フィッティングの2回行うドレスショップが多いです。

1回目の試着では、結婚式当日に胸やおなかがどれほど大きくなるかがわからないので、少し余裕のあるものを選んでおきましょう。

結婚式間近に行う最終フィッティングでは、苦しくないか、ふくらんだおなかをきれいにカバーできるかなどをチェックします。

衣装を選ぶ際、もとの自分の体型に自信のある人ほど、試着した自分のドレス姿にショックを受けやすいようです。衣装をきれいに着こなすには、まずは体の変化を受け入れて、一般的なドレス姿のイメージを捨てるのが何より大切です。

最近では、あえておなかを目立たせた衣装を選んで、おなかの赤ちゃんも結婚式に参加しているような演出にするケースも人気です。

Planners Advice

1 妊娠中は体が大きく変化するので、試着段階で「ピッタリ！」と思う衣装は危険です。結婚式当日に合うかを見極めて。

2 ドレスショップの担当者に、マタニティの知識があるか見極めるのも大切です。

妊娠中の衣装選びのポイント

Point 1 おなかのふくらみはどれくらいか？

おなかが目立ち始めるのは妊娠5か月ごろから。おなかのふくらみを隠したデザインにするのか、あえて目立たせた着こなしにするのかなどを考える。

Point 2 締め付けは苦しくないか？

胸や背中、おなかまわりが苦しくないかを確認する。苦しく感じる場合は、無理をせずに伝えて調整してもらう。1回目の試着では少し余裕があるようにしておくとよい。

Point 3 衣装を身につけたときの重さはどうか？

通常のウエディングドレスの重さは5kg前後。シルクやタフタなど軽い素材のドレスを選ぶのがおすすめ。小物などをつけた状態での重さも確認しておくと安心。

妊娠中の体の変化

- 胸が1～2カップ大きくなる
- ウエストのくびれがなくなる
- 二の腕がふっくらとする
- おなかが大きくなる
- 髪のつやがなくなる
- 顔が丸くなってくる　など

Q マタニティ用のドレスってどんなもの？

A 体に負担がかからない改良されたドレス

ストレッチ素材を使用したり、超軽量素材で作られていたりするドレス。結婚式当日の体型や体調に合わせて調節することも可能。

ブライダルインナーの選び方は？

ブライダルインナーにはスタイルをよく見せる効果と体の負担を軽減させる効果があります。

ブライダルインナー選びは決定した衣装に合わせて

ブライダルインナーは特殊な立体裁断パターンを使用して作られており、メリハリのあるボディラインをつくり、ウエディングドレス姿をより美しく見せる役割があります。

マタニティ用のブライダルインナーは、通常の締め付けの強いものとは違い、変化する体の負担を抑えておなかを心地よくサポートします。

とくに妊娠中は乳腺が発達するため、妊娠5か月には胸がもとのサイズの1カップ以上、7か月には2カップ以上もボリュームがアップします。

デコルテ（首から胸元にかけて）もボリュームが出るため、ドレスの似合う体型になりますが、胸元が大きく開いているといやらしい印象になることもあるため、ブラジャーのカップはドレスに合ったものを選びましょう。

ショーツはおなかのふくらみをしっかりと支え、長時間の結婚式を快適に過ごせるよう吸汗性のよいものを選ぶようにします。

ブライダルインナーは専門店があるので、選び方や付け方をプロに見てもらうことをおすすめします。ドレスがどんなに素敵でもインナーのよし悪しでイメージが変わるので、カップの調整も含めて店員に相談しましょう。

Planners Advice

1 マタニティ用のブライダルインナーの種類や特徴を知りましょう。

2 ブライダルインナーの専門店にドレス写真を持って行くと、合うものを提案してもらえます。

ブライダルインナーの種類と選び方

ブライダルインナーを
つけることで
美しく仕上がる！

バスト

バストアップ機能のあるブラジャーだとトップの位置が上がり、横から見たときに美しいラインができる。バストアップ機能がないと、貧弱な印象になる。

ウエストライン

Aラインやプリンセスラインのドレスの場合は、インナーをつけることでバストからウエストにかけてのラインのメリハリが自然になる。

おなかの支え

おなかの部分だけよくのびる素材を使用しているインナーや、おなかや腰の負担を軽減する設計のものを選ぶとよい。

マタニティ用ブライダルインナー

マタニティブラジャーキャミソール

1/2カップで安定感のある形のブラジャーで、バックに3～4段のホックがついている。キャミソール部分はさらりとしたやさしい肌触り。

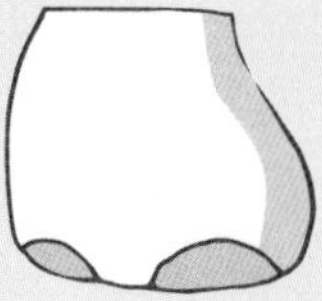

マタニティショーツ

おなかをしっかりと包み、成長に合わせてフィットするインナー。通気性、速乾性のよいものを選ぶとよい。

マタニティビスチェ

丸みのあるバストをつくり、おなかをやさしく守る構造。両脇に編み上げがあるタイプは調整可能。

ウエディングドレスはどんなものを選ぶ？

憧れのウエディングドレスはデザインや着丈に注意すれば通常のものを着てもOK。

試着をするときには着心地をよくチェックして

授かり婚の場合、ウエディングドレスは体に負担がかからず、動きやすいかどうかを優先して選びます。

マタニティ用のウエディングドレスは基本的におなかのふくらみが目立たず、体の負担が少ないように設計されています。結婚式直前にサイズを調整できるうえ、最近はデザインの種類も豊富です。

マタニティ用ではなく通常のドレスでも、ワンサイズ上のもので、おなかの締め付けがなく、軽い素材のものであれば対応できます。

授かり婚でよく選ばれているウエディングドレスは、胸の下で切りかえのあるエンパイアライン、またはふんわりとした印象のAラインやプリンセスラインです。

また、ショルダーのあるデザインのドレスだと、肩でドレスの重さを支えられるので、おすすめです。

一般的なウエディングドレスは着丈が長いものが多いので、９cm以上のハイヒールをはきます。マタニティの場合、転倒を避けるため着丈の長すぎないドレスに２〜５cmの低いヒールの靴を選びます。高いヒールに慣れている人でも、ドレスを着ると足元が見えないので注意しましょう。

Planners Advice

1 体に負担がかからないドレスのデザインを選び、着丈は長すぎないものを選びます。

2 ドレスに合わせる小物や靴も注意して選びましょう。

ウエディングドレスの特徴

ヘッドドレス
カチューシャやティアラなどの髪飾り。ドレスや髪型に合い、軽いものを選ぶ。

アクセサリー
ネックレスやイヤリングなどの飾り。チョーカータイプはマタニティにはあまり似合わないことがある。

ドレス
デコルテがきれいにみえるデザイン、着丈が長すぎないものを選ぶとよい。

ベール
挙式時のみ着用する。ドレスの引き裾の長さや好みに合わせるのが一般的。

ブーケ
白が基本だが、ドレスに合わせて花の種類やデザインを選ぶ。

手袋
肘上までのロング丈のタイプや手首までのショートタイプがある。

靴
白が基本。ヒールは５㎝以下の低く、歩きやすいものを。

Point 会場に合ったドレス選びを

教会なら肌の露出は少なめにする。ホテルなら豪華にみえるようボリュームのあるデザインがおすすめ。レストランウエディングやカジュアルな会場なら動き回りやすい衣装がよい。後ろから見られることも多いので、試着をするときにはバックスタイルにも注意して選ぶ。

ドレスの種類と選ぶポイント

ドレスには大きく分けてふんわり、細身の2タイプがあります。理想のドレスを見つけて。

【 プリンセスライン 】

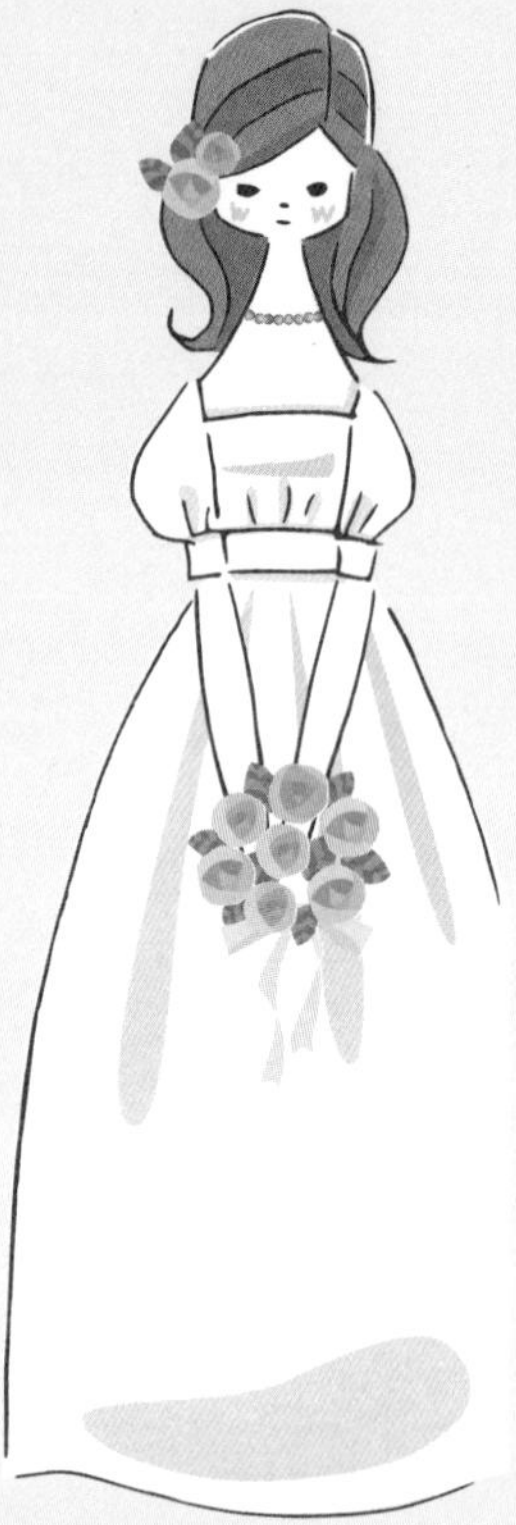

このドレスの特徴

ウエストより上は体にフィットし、下はふんわりとボリュームのあるスカート。スカート部分に刺繍や重ねなどのアレンジが入ることが多く、ゴージャスな印象。

マタニティには… ◎

下半身を隠すことができるので、おなかのふくらみが目立ちにくい。髪をおろしたヘアアレンジも似合う。

【 Aライン 】

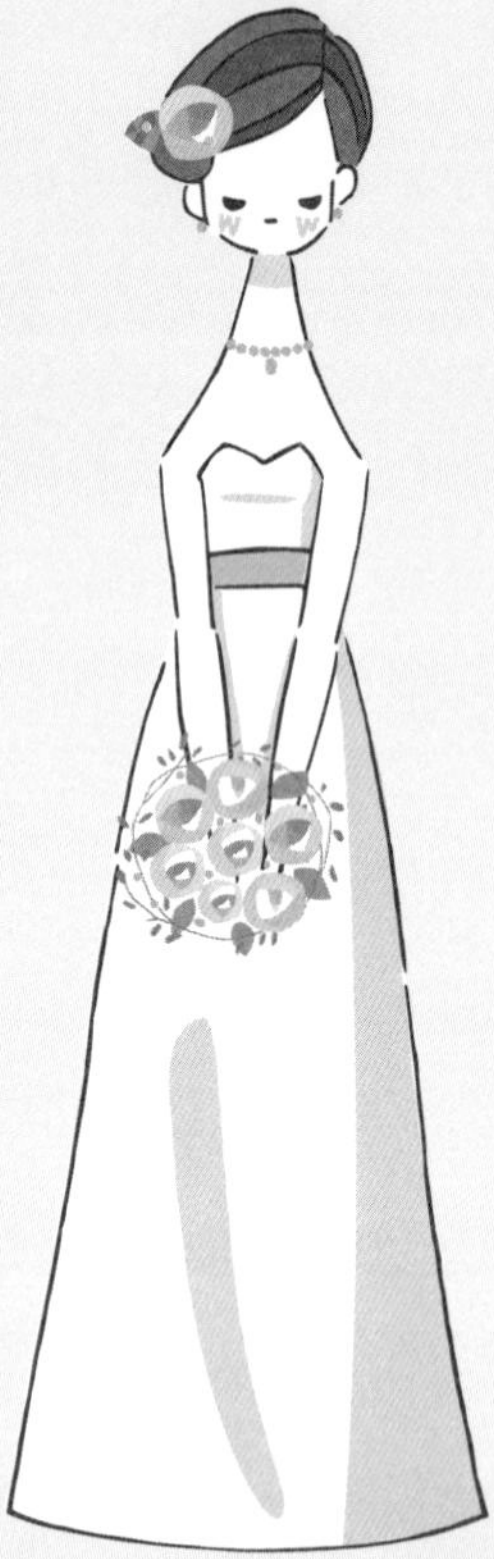

このドレスの特徴

胸下に切りかえがあり、アルファベットのAのようにスカートが広がる。ふんわりとしたシルエットなので、体型を選ばず、マタニティにも向く。

マタニティには… ○

おなかのふくらみを隠せるうえ、豪華な印象に。妊娠中にむくんだ二の腕なども目立ちにくく、妊娠を公表しない場合にも◎。

【エンパイアライン】

このドレスの特徴

胸下に切りかえがあり、ウエストを締め付けない。バストアップ効果があり、背が高くみえるのが特徴。年齢を問わず着こなせる。

マタニティには… ◎

体型が隠せるうえ、締め付けもないので、マタニティにとくに人気のあるデザイン。背が低くても似合う。

【マーメイドライン】

このドレスの特徴

上半身から膝までは体にフィットし、裾が魚の尾ひれのように広がる人魚のシルエットがデザインのドレス。細身でヒップラインが強調される。

マタニティには… △

おなかのふくらみを目立たせたい場合には、ソフトマーメイドラインにするときれいなシルエットになる。

【スレンダーライン】

このドレスの特徴

スカートのふくらみはなく、体のラインに沿ったシンプルなシルエットが印象的なドレス。ボディラインが出て大人っぽく上品なイメージ。

マタニティには… ×

体のラインが強調されるため、マタニティには着こなしが難しい。締め付けもあるので体調に影響することも。

おなかを隠すウエディングドレスを選ぶには？

デザインの選び方や小物使いで「マタニティには見えない！」といわれるドレス姿を実現！

衣装をきれいに着こなすためデザイン選びで欠点カバー

妊娠5か月以降の安定期に入ると、胎児の成長がすすみおなかが目立ち始めます。

ドレスはきれいに着こなしたいと思うなら、ウエストや下半身が目立たないAラインやエンパイアラインのドレスを選びましょう。

ただし、胸下で切りかえのあるエンパイアラインのドレスはシンプルなものだと妊婦服に見えがちです。レースやリボンの装飾のあるデザインを選ぶことで、おなかが目立たずゴージャスな印象に仕上がります。

妊娠すると胸が大きくなり、それにしたがってデコルテにもボリュームが出ます。バストラインをきれいに見せるデザインのドレスも、おなかを隠したいならおすすめです。

また、ショルダーやバックスタイルにアクセントのあるデザインのドレスを選んだり、ヘアスタイルにボリュームを出したりすると、おなかに視線が集まりません。

ドレスのデザインや小物使いでおなかを隠せるのは、妊娠6か月までが限度です。7か月以降はどうしてもおなかが出てしまうので、結婚式の日程の設定も早い段階で決定するようにしましょう。

Planners Advice

1 体型が変わることを考慮して早めに結婚式の日程を決定し、どのようなドレスがあるのか早めに知っておきましょう。

2 おなかに視線がいかないように、ドレスのデザインやブーケ、アクセサリーでカバーするとよいでしょう。

おなかのふくらみを“隠す”小ワザ

Point 1 髪型にボリュームを出す

ヘアアクセサリーを使うと視線が上に

ティアラやハット、カチューシャなどを使ってヘアアレンジをしたり、ヘアに花を飾ったりすると、ゲストの視線が自然と上へ向く。顔まわりにボリュームが出るとゴージャスな印象にもなるのでおすすめ。

Point 2 胸元にアクセントのあるドレスにする

きれいなデコルテを活かしてより美しく

ドレスの胸元にビーズや刺繍が入っていると、妊婦にとってきれいなパーツであるデコルテに視線がいく。また、胸が強調されるとウエストラインが少し細く見える効果もある。

Point 3 ふくらみのあるデザインを取り入れる

華やかなデザインのドレスを選ぶ

スカート部分が大きく広がっていたり、レースが重なっていたり、ひだのあるドレープになっていたりなどのデザインだと、ドレスがよりふんわりとしておなかがすっぽりと隠れる。

Point 4 ブーケを大ぶりにする

デザイン性のあるブーケでおなかをカバー

丸い形のラウンドブーケや、縦長でボリュームのあるキャスケードブーケなどを選ぶと、おなかを隠すことができる。白い花とグリーンの葉が基本だが、季節にあった明るい色の花を差し色にするとより目立つ。

おなかを目立たせるウエディングドレスを選ぶには？

おなかのふくらみは幸せの象徴。割り切った考え方であえて目立たせてもOK。

今しかない妊婦らしさを美しくみせるのもひとつの手

おなかのふくらみを目立たせる場合、中途半端では太っている印象になりがちです。やわらかなカーブを描く丸みを強調することで、赤ちゃんの存在をアピールできます。

おなかが出始める安定期の5～7か月なら、ソフトマーメイドがおすすめです。スレンダーなデザインですが、裾にギャザーやフレアーが入ったものなら、メリハリが出て、おなかのふくらみも違和感がありません。

妊娠8か月以降の後期に入ると、おなかのふくらみは十分なので、締め付けのないエンパイアラインやAライン、プリンセスラインでも十分おなかは目立ちます。

試着するときには、前からはもちろん、横から見てもきれいにおなかが丸くみえるシルエットになっているかを確認しましょう。

また、ブーケを持つ手はおなかの下のほうに配置すると、より目立たせることができます。

体にフィットしたドレスは、最終フィッティングのときに調整が必要になることが多いので、苦しかったり、見た目が気に入らなかったりする場合には、店員にはっきりと伝えるようにましょう。

Planners Advice

1 おなかのふくらみをきれいに出すデザインのドレスを選びましょう。

2 試着時は横からのシルエットもしっかりと確認しましょう。

おなかのふくらみを"目立たせる"小ワザ

Point 1 体にフィットするデザインを選ぶ

ボディラインを
きれいにみせるデザインを

胸とおなかのふくらみが美しく見えるソフトマーメイドラインのドレスがおすすめ。とくに妊娠5〜6か月のおなかが少し出ている程度の状態なら、ボディラインがしっかりと出るデザインのドレスを選ぶ。

Point 2 ブーケは小ぶりのものにする

あえてブーケで
おなかを隠さないのが今どき

おなかが出ているうえに、ブーケが目立つと、太った印象に。ブーケは小ぶりのものか、片手でも持てるボリュームのクラッチブーケなどにして、おなかのふくらみを引き立てるようにするとよい。

Point 3 ヘアアレンジはシンプルに

視線をおなかに集め
まわりは飾らずシンプルに

ヘアにボリュームがあると視線がそちらにいくので、あえてすっきりとまとめる程度にして、おなかのふくらみを目立たせる。トータルバランスで考えることでよりおなかのラインの美しさが引き立つ。

Point 4 ウエストに小物や色を取り入れる

ワンポイントがあることで
印象づけられる

ウエスト切りかえ部分にリボンやレースの飾りがあったり、色があったりするデザインを選ぶと、腹部がより目立つ。ボリュームも出るので、二の腕やデコルテ（首から胸元にかけて）などほかの部分はやせて見える効果もある。

お色直しのカラードレスの選び方は？

カラードレスこそ、好みのデザインのドレスを選び、自分らしいスタイルを決めましょう。

マタニティだからと諦めないで自分の好きなドレスを

披露宴のお色直しで着るカラードレスは、ウエディングドレスよりもデザインや色が豊富です。基本的には自分の好きなドレスにしますが、迷ったときはウエディングドレスと異なるタイプを選ぶと、印象ががらりと変わるので招待客にも楽しんでもらえます。

たとえば、挙式ではプリンセスラインのウエディングドレスにして、披露宴では清楚なイエローのエンパイアラインのドレスに花冠をすると、優しい印象になりますし、ピンクで飾りの多いドレスにすると華やかな印象になります。

カラードレス選びも基本的にはウエディングドレスを選ぶとき（99ページ参照）と同じです。ドレスの重さや締め付けなど体に負担にならないドレスにします。ただし、披露宴で長時間座ることを考えてより着心地のよいものを選ぶようにしましょう。

また、披露宴で授かり婚らしい演出を考えている場合、お色直しでおなかを強調したドレス姿で登場すると、会場の雰囲気もより高まるでしょう。

黒など暗い色のドレスは上品な印象ですが、妊娠中は肌トラブルが起きやすいので、肌色のよくなる明るい色味のドレスがおすすめです。

Planners Advice

1 カラードレスこそ、自分らしいスタイルのドレスを選ぶようにしましょう。

2 明るい色味を選ぶと、顔色や肌が美しくみえる効果があります。

お色直しドレスの選び方のポイント

Point 1 ボリュームのあるデザイン

リボンや重ねたレースなどの飾りでふんわりとしたドレスは華やかな印象になる。ちょっと派手だと思うくらいのもののほうが映える。

Point 2 ウエディングドレスと印象を変える

ウエディングドレスの種類（104ページ参照）で選んだ形とは違うデザインラインを選ぶと印象ががらりと変わる。着心地がよく動きやすいドレスがよい。

Point 3 顔色がよく見えるカラーのものを

イエローやピンクなど明るい印象のカラードレスのほうが、肌の色を明るくみせる効果がある。または、ベージュや薄いグリーンなどやさしい色のものもあたたかみがある印象に。

カラードレスの印象

イエロー系	グリーン系	ピンク系
肌色を選ばず、元気な印象を与える色。マタニティ期は気分が塞ぎやすいので明るい印象になり、おすすめ。	落ち着いたイメージ。マーメイドラインなどおなかを目立たせるドレスにしても。ブーケを華やかにするとよい。	日本人の肌色に合い、顔色をきれいにみせる人気の色味。サーモンピンクなどの優しい色味だと幸福感が伝わる。
ブラック・グレー系	**ブルー系**	**ゴールド系**
シックで上品なイメージになる。マタニティ期は暗めの色はおすすめしないがスパンコールの飾りなどがあるものだと華やかに。	清潔感があり、さわやかな印象なので、夏のウエディングに向く。体形が大きく変わるマタニティにもおすすめのドレス。	華やかで大人っぽい印象。ベージュに近い、シャンパンゴールドやパールの入った色などにするとよい。

和装を選ぶときのポイントは？

体に合わせて調整しやすい和装は、意外と授かり婚の人におすすめです。

重さや締め付けに気をつけて選んで

結婚式の和装は小物まで白で統一した「白無垢《しろむく》」、黒地の「黒引き振袖」、華やかな「色打ち掛け」などが代表的です。

授かり婚の場合、おなかを締め付ける振り袖は避け、白無垢か色打ち掛けを選びます。おなかが大きくなっても帯で調節ができるので、妊娠6か月ごろまでなら違和感なく着こなせます。

ただし、妊娠7か月を過ぎると着物の重さに加えておなかも重くなってくるので、避けたほうが無難でしょう。

最近はレースの装飾やバラや蝶など現代風のデザインが施された打ち掛けなど、「新和装」と呼ばれるドレス感覚の着物も人気です。

和装に合わせるかつらは1kg以下のものもありますが、ぴったり付けるので頭や額などの締め付けが負担になることもあるので、授かり婚の場合はあまりおすすめしません。地髪をアレンジしたり、飾りをつけて洋風にしたりするとよいでしょう。

試着では洋服の上から羽織るので、首のつまった服装は避けてください。柄や色によって印象が変わり、着るとまた印象が異なります。好みのもの以外にも、店員のおすすめ衣装もぜひ試着してみてください。

Planners Advice

1 和装にする場合は、腰をきつく締める振り袖は避け、色打ち掛けを選びましょう。

2 最終フィッティング時に、体の締め付け具合は大丈夫かどうかを念入りに確認しましょう。

和装の特徴

色打ち掛け

鮮やかな色の生地に、金や銀の華やかな刺繍の入った打ち掛け。おなかのふくらみが目立ちにくい。お色直しに着用することが多い。

白無垢

掛下、打ち掛け、小物、帯など、すべてを白で統一した和装。「婚家の色に染まる」といういいつたえがある。授かり婚にもおすすめ。

和装に合わせる小物

末広《すえひろ》 扇子。「末広がりに幸せになれますように」という願いが込められている。暑くても広げてあおがないこと。

筥迫《はこせこ》 昔は懐紙やおしろいなどの化粧道具を入れていた長方形の袋。胸元にさし、柄がみえるようにする。

懐剣《かいけん》 護身用の刀の装飾。「いざというときは自分で身を守る」という意味。飾りひもは胸から垂れるように飾る。

腰《こし》ひも 着物の丈を合わせるために使用するひものこと。5～6本あるとよい。

帯枕《おびまくら》 帯を結ぶときにふくらみを出すため、腰に巻く。ひも付きのものだと使いやすい。

草履《ぞうり》 柄の入った美しい履物。授かり婚の場合、かかとの高いものは危険なので、低めのものがよい。

妊娠周期別　衣装選び

結婚式の時期を考慮し、体調や体型に合わせて苦しくない衣装を選びましょう。

一般的な妊婦の体型の変化とそれに似合う衣装のデザインを知っておくと、失敗が少ないでしょう。左図を参考に、衣装選びに役立ててください。試着は的確なアドバイスをしてくれる人と行くのがおすすめです。

体型によって似合う衣装をイメージしておきましょう

衣装の試着段階では、結婚式当日に体がどのように変化するのかわからないかもしれません。

試着時に持っていくもの

- □ カメラ
- □ ストッキング
- □ 髪どめ
- □ ストラップなしインナー
- □ メモ帳
- □ 会場のパンフレット

妊娠3〜4か月（初期）

おすすめの衣装

- ・Aライン
- ・プリンセスライン
- ・白無垢
- ・色打ち掛け

注意したいこと

つわりがピークなので、着心地のよいものを選ぶ。体型は少しぽっちゃりする程度なので、好みのデザインを。後ろ姿をきれいに見せるドレスがおすすめ。

妊娠5〜7か月(中期)

おすすめの衣装

・Aライン
・プリンセスライン
・エンパイアライン
・白無垢
・色打ち掛け

注意したいこと

おなかが出てくるころ。隠したい場合は、ボリュームのある華やかなデザインを選ぶ。目立たせる場合は、スレンダーなドレスを。和装はこの時期まで。

妊娠8〜9か月(後期)

おすすめの衣装

・Aライン
・エンパイアライン

注意したいこと

おなかが大きく出るころ。マタニティ用のドレスまたは、胸下に切りかえのあるエンパイアラインのドレスがおすすめ。着脱しやすいものがよい。

※ウエディングドレスの種類は104〜105ページ参照、和装は112〜113ページ参照。

授かり婚のためのヘアとメイクはどうするか？

結婚式までに、日ごろのお手入れをていねいにするだけでも十分に美しくなれます。

一番きれいな姿で結婚式を迎えましょう

衣装をきれいに着こなすためにも、ヘアやメイクにはこだわりたいものです。基本的に衣装に合わせて似合うヘアとメイクを担当者と話し合って決めます。

妊娠中は女性ホルモンの影響で肌があれやすくなったり、手足がむくんだりします。また、体調や精神のバランスがくずれやすい状態です。

刺激に弱い肌状態なので、特別なことをする必要はありません。普段から使い慣れているスキンケア用品でていねいにお手入れし、睡眠を十分にとって、バランスのよい食事を心がけるなど、規則正しい生活をして肌のコンディションをよくしておきましょう。無理なダイエットは絶対にしてはいけません。

肌の調子がよいと、メイクののりがよくなりドレスが映えるメイクに仕上がります。本番前のヘアメイクリハーサルには、理想のヘアスタイル・メイクがある場合、雑誌の切り抜きなどを持って行くとイメージが伝わりやすいでしょう。顔の丸みが気になるなど、コンプレックスがある場合はしっかり相談をして、頬におくれ毛を残すなど、工夫をこらしてもらい、最終的に調整しましょう。

Planners Advice

1 理想のヘアスタイル・メイクがあるなら、担当者に細かく希望を伝え、参考になる写真などを準備しておきましょう。

2 スキンケア、睡眠、食事を規則正しくして結婚式当日までにコンディションを高めましょう。

ヘア&メイクで美しくなるには

Point 1 シルエットはたて長に

体型が丸みをおびてくるので、髪を高く盛るヘアアレンジにしてもらうと、縦長に見え、小顔効果になる。高いヒールをはけないので、背が高くみえる効果にもなる。

Point 2 フェイスラインをおくれ毛で隠す

髪型をアップにして顔の丸みが強調されるのが嫌なら、サイドにおくれ毛を残すとよい。動く度に髪が揺れるのも美しくみえる小ワザになる。

Point 3 顔色がよく見えるメイクに

妊娠中は肌が乾燥したり、シミが目立つようになったりなど、肌トラブルが多いので、気になる部分を隠すメイクを心がける。規則正しい生活で肌の状態も整えて。

Point 自宅でできるメンテナンスでより美しくなれます

1 保湿をしっかりする

2 むくみやこりをほぐす

3 姿勢を正す

おなかをかばって前かがみになりがちなので、肩や腰がこりやすい。また、普段から鏡をみて正しい姿勢をとる練習をしておくと、衣装をきれいに着こなせる。

マタニティ用のウエディングエステとは？

ブライダルエステにはマタニティ専用プランがあります。結婚式にそなえて美を磨きましょう。

背中やデコルテなどパーツの美しさを意識して

通常のブライダルエステは肌の28日周期サイクルに合わせて行われるため、1か月〜3か月かけて体をメンテナンスするのが一般的です。

授かり婚の場合、結婚式の準備が忙しくて何度も通えなかったり、横になるのが辛かったりするので、1〜2回で完結するマタニティ用のプランを選びましょう。最近は、ブライダルエステを行っているほとんどのサロンでマタニティコースが用意されています。

ほとんどが、美白や保湿のフェイシャルエステ、背中のシェービング、デコルテのマッサージなど、ドレスを着たときに肌が露出するパーツを美しく仕上げるメニューです。

妊娠中はメラニン色素が活発になるので、おなかに黒い線が出たり、シミが濃くなったりするほか、女性ホルモンの影響でうぶ毛が濃くなったりしますが、出産後は落ちつくので、見えない部分はケアする必要はありません。

ネイルは結婚式の約1週間前に、もちのよいジェルネイルを行うのが最近の流行です。ただし、妊娠後期に結婚式を挙げる場合はジェルネイルは避けましょう。早産《そうざん》で緊急の帝王切開《ていおうせっかい》になる場合、爪に機器をつけるため、ネイルをすぐに取らなければなりません。

Planners Advice

1 ブライダルエステは必ずマタニティコースを選び、1〜2回で完結させましょう。

2 ドレスを着たときに肌が露出する部分をケアし、隠れる部分は気にしなくてもよいでしょう。

ブライダルエステのコースとポイント

妊娠後期なら（8～9か月）

大きくなったおなかを圧迫しないように、体勢に気をつけてエステを受ける。おなかが張るときには休憩させてもらう。ネイルはシンプルなマニキュアにし、ジェルネイルは避ける。

妊娠中期なら（5～7か月）

妊娠11週以降の安定期に入ったら、体調のよい日を選べばエステを受けてOK。体勢やアロマの香りが辛い場合は遠慮せずに伝える。

妊娠初期なら（1～4か月）

安定期に入る前は流産《りゅうざん》の確率が高いので、避ける。つわりがひどいと、サロンのアロマの香りなどで体調が悪くなることもあるので、エステを受けずに自宅でケアするほうがよい。

コースとおすすめ度

コース	内容	おすすめ度
フェイシャル	毛穴の汚れを落としたり、リンパの流れをよくして顔のむくみをとったりするマッサージを行う。	△
デコルテ	首から鎖骨にかけてのリンパマッサージを行い、デコルテを美しく見せる。顔のくすみにも効果的。	△
シェービング	背中やデコルテ、フェイスなどのうぶ毛を除くだけでなく、古い角質も除去し、肌色をワントーン明るくする効果がある。	○
背中・二の腕	むくんだ背中や二の腕を絞り込むようにマッサージして、代謝を高める。1回の施術だけでは効果があまりみられないので、行わなくてもよい。	△
全身マッサージ	腹囲以外の全身をオイルでマッサージする。アロマの香りを確認し、うつ伏せが辛い場合、横向きになって施術する。	△
ネイル	ラメや飾りのついたブライダル用のネイルは耐久性のあるジェルネイルが人気。妊娠後期はマニキュアかつけ爪がよい。	○

結婚式・披露宴の準備とポイント

プログラムに招待客を楽しませる演出を盛り込みます。授かり婚にちなんだ演出もおすすめ。

工夫をきかせた演出で招待客を楽しませましょう

「ケーキカット」や「ブーケトス」などは披露宴の定番の演出で無難ですが、面白みに欠けます。

最近の結婚式・披露宴では、工夫をこらしたふたりらしい演出を行うのが主流です。

ただし、演出を盛り込みすぎると新婦の体調に障るうえ、演出の印象がぼやけてしまうので、メリハリのあるプログラムにするのがおすすめです。

妊娠中の新婦は体調がくずれやすいので、動きまわる演出は工夫しましょう。VTRを使う、招待客参加型など、新婦が座っていても違和感のない演出にすると安心です。

授かり婚には「赤ちゃん誕生の楽しみ」という幸福感が加わります。その気持ちを演出に活かすと、授かり婚ならではの結婚式・披露宴にすることができます。

たとえば、挙式を人前式にしてオリジナルの宣誓書をつくり、「新郎もしっかり育児を手伝います」と宣言したりすると、厳かな雰囲気が和らぎ、招待客を楽しませることができます。

または、ウエルカムボードにおなかの大きな新婦を描いた似顔絵を飾ったりするほか、ペーパーアイテムに工夫をこらしたりするのもよいでしょう。

Planners Advice

1 招待客が楽しめる演出にし、メリハリをつけたプログラムにしましょう。

2 VTRを利用するなどして、新婦の体調を考慮した演出を取り入れましょう。

基本の演出アイデア

Point 1 動きまわる演出は工夫する

各テーブルをまわるキャンドルサービスのような演出は、新婦の体調を考えて動きまわらない演出にするべきだと思われがちだが、２回に分けて行うなど、すすめ方を工夫すれば問題ない。

Point 2 メリハリをつけた演出に

派手な演出ばかりではなく、歓談タイムや食事を楽しむ時間を適度に取り入れるとよい。合間合間に和やかな時間があると個々の演出が際立ち、印象に残りやすい。

Point 3 ゲストが楽しめるものに

ゲストにフラワーシャワーに参加してもらったり、クイズに答えてもらったりなど、ゲストが参加できる演出を取り入れると、会場に一体感が生まれて盛り上がる。ただし、友人だけにわかるなど内輪ウケの演出は避ける。

演出例	内容
迎賓	ウエルカムボードを華やかに飾ったり、控え室でドリンクサービスをするなど。赤ちゃんのエコー写真を飾るのもおすすめ。
ケーキカット	定番のケーキカットのほか、新婦・新郎へファーストバイト、両親から新郎新婦へのラストバイトなど。
参加型	フラワーシャワーやキャンドルリレーのほか、生まれてくる赤ちゃんへ寄せ書きしてもらうのもよい。
こだわり	人前式の宣誓書に親になる意気込みを入れる、新婦が手作りしたブーケを持って再入場など。
VTR	新郎新婦の生い立ちや出会いを写真でまとめた映像や、本人再現ドラマ、招待客のメッセージ映像など。
サプライズ	ゲストの記念日をお祝いしたり、新郎が新婦へ改めてプロポーズしたりなどの演出。
両親へ	新郎新婦が生まれたときの体重のベアをプレゼントする、花嫁の手紙の中に赤ちゃんからのコメントを加えるなど。

結婚式で妊娠を公表する？しない？

招待客への妊娠報告はタイミングよく行い、二重の幸せを一緒に喜んでもらいましょう。

妊娠報告はタイミングが大切 相手を困らせないようにします

新婦が妊娠していることを結婚式で公表する場合、新郎からスピーチなどで直接伝えるとけじめがつき、好印象です。

披露宴の始まりのウエルカムスピーチで報告すると、そのあとに授かり婚にちなんだ演出をしやすくなります。または、披露宴の最後に謝辞で報告すると、披露宴自体が引き締まり、スピーチ自体がひとつの演出にもなるでしょう。

最近は授かり婚も珍しくないので、妊娠していることに驚かれることは少ないのですが、挨拶で報告するときには、「赤ちゃんが誕生する時期」「育児が始まることへの意気込み」の2つをしっかり伝えるようにしましょう。

妊娠していることを伏せて通常通りに結婚式を行いたい場合は、結婚式後に内祝いを贈ったり、出産後に知らせたりしても構いません。

妊娠はおめでたいことですが、流《りゅう》産《ざん》や早産《そうざん》などリスクを伴うものです。他人から伝え聞いただけではお祝いがしづらくなり、相手に気をつかわせてしまうので、どこかのタイミングで報告はきちんとしましょう。

報告をきちんとすることで、結婚式自体の印象もよくなります。

Planners Advice

1 披露宴で妊娠報告をする場合は新郎の挨拶でしっかり伝えましょう。

2 妊娠を伏せて結婚式を行う場合も、スタッフなど関係者には必ず伝えておきましょう。

妊娠を発表するタイミング

タイミング
1 事前に伝える

両親や職場へ報告（22ページ参照）したあと、安定期に入った時期に周囲へ報告するとよい。電話で直接伝えるのがマナー。友人へはメールで伝えてもよいが、一斉送信は避ける。

タイミング
2 ウエルカムスピーチで伝える

披露宴の始まりの挨拶で報告をすると、スピーチなどに妊娠の話題が出ても安心。また、妊娠や赤ちゃんにちなんだ演出も行いやすい。

タイミング
3 演出に盛り込む

妊娠報告自体を演出にするのものOK。友人に記者役にやってもらい、記者会見風にしても。お色直しの衣装でおなかを強調した衣装で再入場するなどもおすすめ。

タイミング
4 謝辞で伝える

披露宴の最後を締めくくる謝辞で、新郎が報告する。これから家族を築いていく決意を述べると、結婚式自体が好印象になる。

タイミング
5 産後に伝える

妊娠中は報告を避け、出産後に赤ちゃん誕生の報告をする。電話または手紙で伝えるのがマナー。落ちついてからでもよいが、付き合いのある親戚には早めに知らせる。

NG

妊娠・出産の報告をしない

いずれはわかることなので、黙っていると相手に気をつかわせて印象が悪くなる。産後にお世話になることもあるので、しっかりと報告をするのがマナー。結婚式で妊娠報告をサプライズ演出することを考えている場合、気づかれたときには理由を説明して、当日まで黙っててもらうように頼みましょう。

授かり婚だからできる演出

おなかに赤ちゃんがいるのも今の時期だけ。せっかくなら、妊娠を活かした演出にしても。

アイデア1　ウエルカムボードにエコー写真を飾る

妊娠経過のエコー写真をウエルカムボードにコメントともに飾る演出です。胎児の成長の様子がわかり、結婚式・披露宴を待つ招待客も和みます。最近は産院によって3Dのエコー写真をもらえることもあり、リアルな姿がみられます。

アイデア2　命名を公表する

赤ちゃんの名前を書いた大きな紙を広げ、披露宴で発表する演出です。その名の由来や、どんな子になってほしいと願いを伝えるとよいでしょう。披露宴中に新郎が名前を書くというパフォーマンスもおすすめです。

アイデア3　名前の候補を考えてもらう

受付時に赤ちゃんの名前を募集するBOXを用意し、候補を募る演出です。性別をあえて伝えずに予想してもらうというのも面白いでしょう。

募った名前候補は披露宴で司会者に発表してもらいます。意外と古風な名前や、珍しい名前などが登場し、会場が沸くかもしれません。

実際の名付けに活かすもよし、参考に留めるだけでも招待客の祝福を受けた名前になること間違いなしです。

アイデア 4

タイムカプセルでプレゼントを贈る

生まれてくる赤ちゃんへメッセージを書き、品物とともにカプセルに詰めるという演出です。結婚式の写真も入れておくと、将来子どもに渡すとき、話が弾むでしょう。

アイデア 5

赤ちゃんの顔を予想した写真を公表

専門の会社に依頼し、両親の顔から赤ちゃんの顔を予想した顔写真を作成してもらい、それをスクリーンに映し出す演出です。新郎新婦のどちらに似ているか、または両親に似ているのではないかと、会場が盛り上がります。演出料はかかりますが、準備は楽なのでおすすめです。

アイデア 6

ウエディングケーキに赤ちゃんの飾りを

赤ちゃんを抱えた新郎新婦のデコレーションを施したウエディングケーキにして、ケーキ入刀の演出をより盛り上げます。入刀時のナイフに赤ちゃんの飾りをつけるなどさり気なく授かり婚らしさを取り入れるのもよいでしょう。

アイデア 7

子どもへの手紙を朗読する

生まれてくる赤ちゃんに向けて手紙を書き、招待客の前で朗読します。会えることを待ち望んでいる気持ちが伝わり、感動的な演出になります。新婦が両親への手紙を朗読するときにつけ加えてもよいでしょう。

アイデア 8

両親への手紙に赤ちゃんからのコメントをつける

新婦が両親への手紙を読むときに、赤ちゃんからもひと言入れた内容にする。「おじいちゃん、おばあちゃん」という呼び方に、両親の喜びも高まるでしょう。新郎の両親へもひと言入れると気づかいになります。

アイデア 9

ベビー用のリングを贈るセレモニー

病気や事故にあわないようにという願いを込めて赤ちゃんに贈るファーストジュエリーです。赤ちゃんの出産予定日の誕生石を入れるほか、両親の誕生石と3つを並べてデザインしたりすると親子の絆を感じられます。

誕生月	宝石	意味
1月	ガーネット	貞操・誠実
2月	アメジスト	真心・純真
3月	アクアマリン	英知・聡明
4月	ダイヤモンド	永遠・純潔
5月	エメラルド	愛・幸福
6月	パール	健康・富・長寿
7月	ルビー	情熱・自由
8月	ペリドット	友愛・夫婦愛
9月	サファイア	真実・正直
10月	オパール	希望・幸福
11月	トパーズ	忠実・友愛
12月	トルコ石	成功・不屈

サプライズ演出でより感動をかき立てて

予期せぬ演出でゲストやパートナー、両親を驚かせるのもおすすめです。

ゲストへは披露宴のお色直し退場でエスコートを指名したり、ケーキカットに飛び入り参加してもらったりするなど、ちょっとしたサプライズが喜ばれます。突然スピーチをお願いするなど、考えなければならないものは困らせてしまうので避けたほうが無難です。

新郎新婦が相手にサプライズ演出をする場合は、結婚式当日までに気がつかれないよう、プランナーと別日にこっそり打ち合わせをして準備しましょう。

普段、面と向かって言えないことを手紙にしたり、記念になるような品物を贈ったり、ビデオメッセージに登場したりするのもおすすめです。余興に飛び入り参加する演出も盛り上がります。

内輪ウケだったり、一部のテーブルしか盛り上がらないネタだったりしないよう、会場全体の雰囲気も考えて行うように気をつけましょう。

新郎から新婦へ

あいまいにしていたプロポーズ みんなの前でしっかりと

授かり婚では妊娠をきっかけにプロポーズがないまま結婚式の準備に入るケースも多いようです。披露宴の始まりに、みんなの前で「結婚してください」とプロポーズすると、新婦を感動させることができるでしょう。または、新婦に向けて愛の伝わる歌を歌うのもおすすめです。

新郎新婦から両親へ

両親の結婚式を改めて一緒に行う

挙式のあとに、両親にもヴァージンロードを歩いてもらい、愛を誓ってもらう演出は微笑ましく、招待客も喜びます。または、母親がかつて着たウエディングドレスをリメイクし、お色直しで再入場するのも感動的です。生い立ちVTRの最後に感謝のコメントをつけても。

新婦から新郎へ

突然衣装チェンジ かわいい演出でほれ直させる

お色直しとみせかけて退場し、友人の余興に混ざってチアガールなどのかわいい衣装で登場する演出は新郎だけでなく会場も沸きます。新郎へ逆プロポーズするのもよいでしょう。当日着る衣装を内緒で変更して、新たなドレス姿を見せるのも驚かれます。

Q 各演出を盛り上げるBGMはどう選ぶ？

A メリハリのある選曲でより感動的に！

ケーキ入刀の瞬間は曲のサビがかかるようにしたり、両親への手紙を読むときは静かな曲にしたり、歓談中はリラックスする曲にしたりと、シーンに合わせて会場が盛り上がる選曲にしましょう。

マタニティライフのQ&A（妊娠中期編）

Q1 両親学級ってどんなことをするの？

A1 出産の流れや赤ちゃんのお世話について学びます

安定期に入ると病産院や各市町村の保健所などで行われる「両親学級」に参加できます。お産の流れを学んだり、妊娠中の栄養指導、新生児の沐浴指導があったりします。参加は義務ではありませんが、参加することで出産に向けての心構えができます。

Q2 安定期にどれくらい体を動かしていいの？

A2 気分転換になるような適度な運動がおすすめです

つわりがおさまり、妊娠経過が順調であれば、体調管理のために適度な運動をしたほうがよいでしょう。ストレッチやマタニティヨガ、ウォーキングなど、自分が楽しいと感じる運動を、無理のない範囲で行います。

Q3 赤ちゃんの性別はいつごろわかるの？

A3 早ければ妊娠16週から確認することが可能です

妊娠24週前後になると、男性器の有無で性別を確認できるようになります。赤ちゃんの胎位や手足の位置、股を閉じているなどで確認が遅れることも。ただし、１００％ではありません。生まれてみて分かるケースもあります。

Q4 「戌《いぬ》の日」のお祝いって何をするの？

A4 母子の健康と安産を願う日本ならではの風習です

犬は多産で安産なことから、妊娠５か月に入った最初の戌の日に腹帯を締めるとお産が軽くすむといわれます。

戌の日とは、十二支の11番目にあたり、12日に一度めぐってくる日です。日本では、該当する日に妊婦が腹帯を巻いて神社やお寺に参拝し、安産祈願をする習慣があります。海外では腹帯自体一般的でないので、日本独自のならわしといえます。

安産祈願のできる神社やお寺は多く、近年では、参拝先で腹帯を購入することもできます。また、安産祈願を毎日受付けているところもあり、必ずしも戌の日に参拝しなくても問題ありません。

4章

結婚式当日のふるまい方

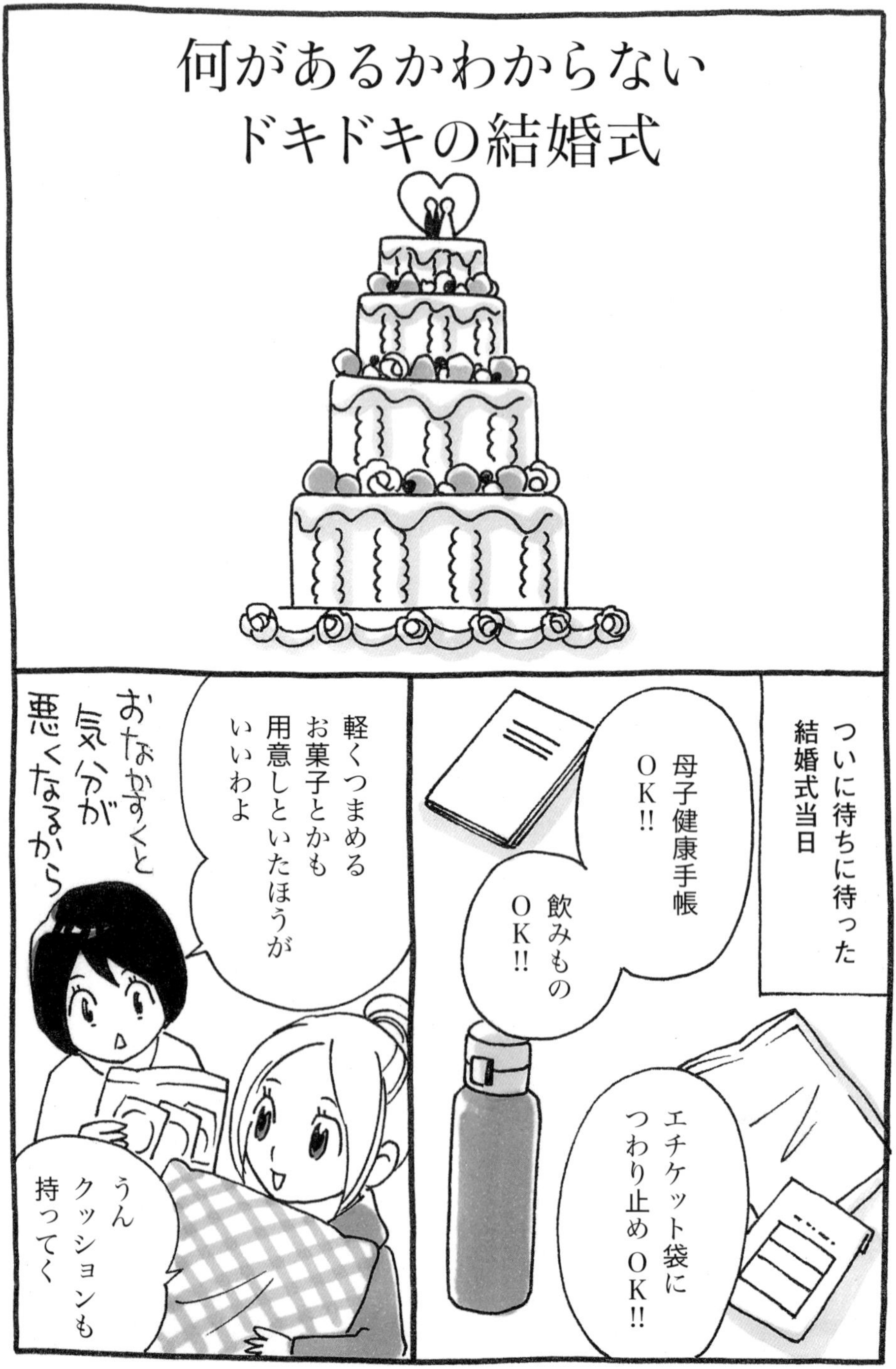
何があるかわからない
ドキドキの結婚式
ついに待ちに待った結婚式当日
母子健康手帳OK!!
飲みものOK!!
エチケット袋につわり止めOK!!
軽くつまめるお菓子とかも用意しといたほうがいいわよ
おなかすくと気分が悪くなるから
うんクッションも持ってく

結婚式の途中
気分が悪くなった
ときの合図は？
下のほうで
小さく×
OK
事前に家族や新郎
スタッフとの間で
決めておきましょう
おーい
タクシー
来たぞ
GO!!
グランドHOTE
ザワ
ザワ
ザワ
ご新婦 岡田家控え室

ドキドキ
ソワソワ
リラックスして
だって主役だよ？緊張するに決まってるじゃない
なんだかおなかの子まで緊張してるみたい…
ヒロミちょといい？
僕の姪っ子甥っ子が挨拶したいって
おめでとうございます
わーかわいい
ありがとう

おなかに赤ちゃん いるんでしょ
そうよ みんなのいとこに なるの
どうぞ よろしくね
生まれたら 遊ぼうね
癒やされた…
少しは緊張が ほぐれた？
うん もう大丈夫

フタリハ～
永遠ノ愛ヲ～
誓イマスカ～？
誓い
ます
ソレデハ～
指輪ノ～
交換ヲ～

パチ
パチ
パチ
あははは
笑いすぎだってヒロミ
だって誰よ？最初に涙した人
ぐすっぐすっ
言っとくけどオレじゃないぞ

つられて私も
泣きそうになって
こらえたら
鼻水が出てきて
今度はそっちを
こらえるのに
必死で…
せっかくの感動シーンが…
あはは
ヒロミ
披露宴まで
しっかり休んで
おくのよ
うん時間に
余裕があるから
ゆっくりできるよ
授かり婚の挙式、披露宴は
新婦の体調を考慮して
プログラムにゆとりを
そして…
ザワ
ザワ
ザワ
ザワ

この度は私たちのために
お集まりいただきありがとうございます
実はヒロミのおなかの中には
新しい命が宿っています
未熟なふたりですががんばっていきますので
あたたかく見守ってください
パチ
パチ
パチ

それでは僭越《せんえつ》ではございますが私、新郎の上司としまして
ご指名により乾杯の音頭をとらせていただきます
私はアルコールNGだから炭酸のリンゴジュースなんだよね
ご両家のご繁栄と
新郎新婦の末永いお幸せを祈念いたしまして
乾杯!!
カンパーーイ!
おめでとー!!
パチ
パチ
パチ
おめでとー!!

こんなに たくさんの人に 祝福されるなんて…
結婚式をして よかった…
ただ今より 新郎新婦 によります
ケーキ 入刀です
見て!! てっぺんの お人形
新郎新婦が 赤ちゃん抱いてる
かわいい

生まれてくる赤ちゃんのためにビデオレターを作ります
赤ちゃんにメッセージをひと言!!
「早く元気で生まれてきてね」
楽しみに待ってまーす
うちの娘とも仲よくしてね
これより招待客の皆さんに投票していただいた赤ちゃんの名前を発表します
これは赤ちゃんの名前を招待客に考えてもらうという演出
事前に紙に書いて投票してもらっておきます

えー…まずは「二平《にへい》」ちゃん
こちらは新郎一平さんのジュニアという意味でしょうか
二平
お前が考えたろ
ひねりがねー
ギャハハ
そして…「ヒラヒロ」ちゃん
これは新郎の「平」の字と新婦の名前のミックスですね
呼びにくーい
あはは
えーとお次は「正《ただし》」ちゃん
あら、お父さんの名前じゃない
こちらは…希望の「希」に「星」と書きまして…

「希星《キララ》」ちゃん!! 出ました!! キラキラネーム!!
どっ
あはははは
新郎新婦 いかがですか?
ありがとう ございます
参考にさせて いただきます
そして結婚式 終盤
お父さんお母さん 今まで私を 育ててきてくれて ありがとう
私のおなかに 小さな命が 宿ったことを 話したとき
本当に びっくりしたと 思います

だけどすぐに
こんな嬉しいことはないわ
そう言ってくれたお母さんに心から感謝します
お父さんは涙を見せないようにすぐに書斎に入ってしまいましたね
そのとき 私 お父さんからすごーく愛されているんだと実感しました
そういえばいつもちょっと離れた所から私のことをあたたかく見守ってくれていましたね
本当に…
ありがとう
グスッ
私…お父さんお母さんの子どもに生まれてきてよかった…
そう…
そして…

やっぱり やろっか 結婚式
あのとき一平君が そう言ってくれたから
こんな幸せな 結婚式を 挙げることができた
私もこれから 生まれてくる 子どもには お父さんお母さん から受けた 愛のように…
大きな大きな 愛で育てようと 思っています
お父さんお母さん お友達 協力してくれた ウエディング プランナーさん
たくさんの人の おかげです ありがとう

授かり婚　成功の秘訣 3

～結婚式当日のふるまい方～

その1 結婚式の前日は準備を早めにすませて、体調を万全にして臨みましょう。

その2 結婚式当日は新郎新婦ふたりの動作をそろえるようにしましょう。

その3 結婚式全体のスケジュールを確認し、休憩できる時間を確保しましょう。

その4 新婦はおなかをかばって猫背になりがちなので、姿勢をよくするように気をつけましょう。

その5 結婚式の途中で体調が悪くなったときのために、会場担当者との間でサインを決めておきましょう。

その6 会場担当者にかかりつけの病院の連絡先を伝えておきましょう。

その7 招待客の見送りまでが結婚式です。最後まで気を抜かないようにしましょう。

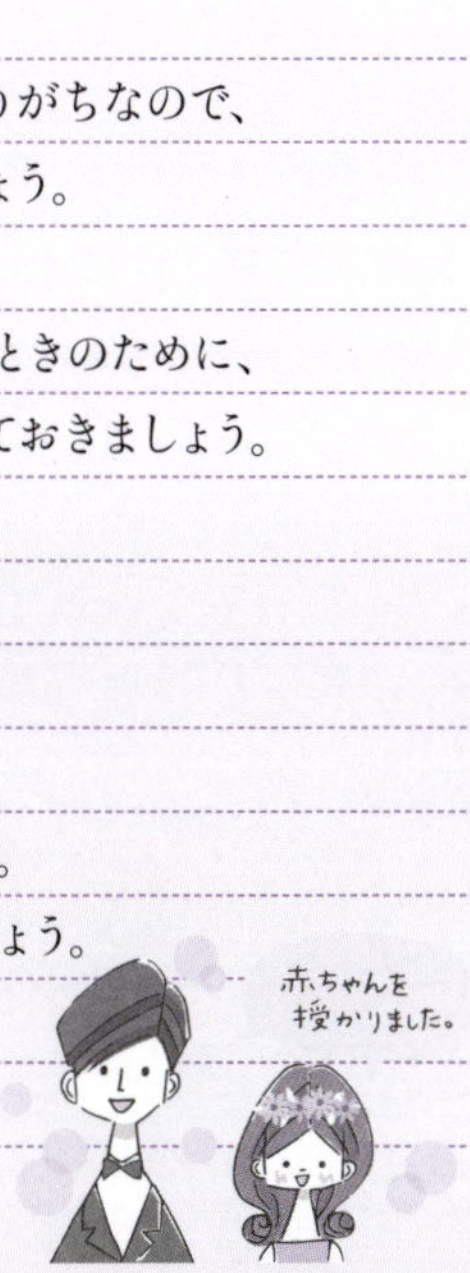

結婚式前日の準備と当日のスケジュール

結婚式当日をベストコンディションで過ごせるように、前日までにしっかり用意しましょう。

前日はゆっくり過ごしましょう 新婦の体調が最優先

結婚式中は気を抜けず、緊張感が高まるものです。直前まで準備に追われていると、体調をくずしかねません。準備は早めにすませ、前日はリラックスして過ごすように心がけてください。結婚式当日は早めに起床し、身支度や移動時間にゆとりをもちましょう。

妊娠中は予期せぬトラブルが起こることもあるので、必ず母子手帳や健康保険証などを準備します。普段使っているクッションや生理用ナプキンなども持っていくと安心です。

新婦は結婚式から約3時間、新郎は約1時間半前には会場へ到着し、着がえとヘアメイクをします。会場スタッフやプランナーへは、到着したタイミングで挨拶をし、不安なことなどを聞いておきましょう。

披露宴では料理を食べようと思ってもなかなか食べられないものです。朝食はしっかりとっておくことをおすすめします。また、合間につまめる軽食を控え室に用意しておきます。食欲のない場合も、ゼリーなどの口あたりのよいものを口に入れておきましょう。

妊娠中は体調がくずれたり、トイレが近くなったりするので事前にプログラムを把握し、どのタイミングで休憩ができるかも考えておきましょう。

Planners Advice

1 体調が万全な状態で結婚式を迎えられるようにします。当日の朝食は抜かず、少しだけでも口に入れておくとよいでしょう。

2 当日はノーメイクまたは薄化粧で会場へ行きます。前開きの服装で行くのをおすすめします。

結婚式当日のタイムスケジュール

1 忘れ物がないか最終チェック

↓

2 ヘアメイク、会場スタッフの方々へ挨拶する

↓

3 着がえ＆ヘアメイクをする

トイレは着がえの前にすませて！

↓

4 控え室で待機する

Point ゆっくりと過ごす

こまめに水分をとり、リラックスして過ごす。衣装の締め付けが苦しい場合は遠慮せずに担当者へ伝え、調整してもらう。

↓

5 係やスタッフと最終確認

↓

6 挙式リハーサル

↓

7 親族紹介

↓

8 挙式本番

↓

9 記念写真撮影

10 披露宴開宴

スタッフとの合図を決めておく

結婚式の途中で体調が悪くなったり、トイレに行きたくなったりしたときのために、スタッフと何か合図を決めておくと安心。指でサインつくる、仕草をするなど、周囲に気づかれないようなものにする。

↓

11 招待客の見送り

↓

12 着がえ、荷づくり

↓

13 二次会へ移動

結婚式当日持っていくもの

- □ 結婚指輪
- □ 衣装の小物
- □ 心付け、謝礼
- □ 二次会衣装
- □ 席次
- □ 進行表
- □ 謝辞、手紙原稿
- □ 常備薬
- □ カメラ
- □ 健康保険証
- □ 母子手帳
- □ おなかの張り止め・つわり止め（医師の処方によるもの）
- □ マイクッション
- □ お菓子や飲みもの（空腹時につまめるもの）

結婚式でのふるまいと注意

結婚式では、ゆっくりとした所作を心がけると気品のある雰囲気になります。

基本の動作はふたりでそろえましょう

結婚式では新郎新婦がふたりで並ぶシーンがほとんどです。ツーショットの立ち姿では、姿勢を正して互いに少し内側を向くと美しい姿にみえます。

おじぎや座るときにもふたりで動作をそろえると、印象がよくなります。

おじぎをするときは、腰から上半身を徐々に曲げて、「1、2、3」とゆっくり数えるタイミングで頭を30度下げます。座るときには背もたれに寄りかからず、浅めに座り、姿勢を正しましょう。新婦はおなかが大きいと疲れやすいため、クッションなどをスタッフに用意してもらうとよいでしょう。

着慣れない衣装で動きにくかったり、緊張して正しい所作を忘れたりすることもあります。どんなときでも、慌てずにゆっくりとした動作を心がけ、笑顔でいるようにします。それだけでも、気品ある印象を招待客に与えられます。

また、挙式では招待客から後ろ姿を注目されます。凛とした雰囲気を出すため、姿勢を意識しましょう。

妊娠中はおなかをかばって猫背になりやすいですが、おなかは衣装でサポートするように調整されていますし、介添え人もいるので安心してください。足元ではなく前を見て行動できるとよいでしょう。

Planners Advice

1 ふたりで見られていることを意識して、基本の動作を合わせましょう。

2 ゆっくりとした動作と姿勢を正すことを意識するだけでも、美しい姿にみえます。

美しく見えるふるまい方

所作 1　動作はゆっくりと

挙式でヴァージンロードを歩くとき、招待客へお辞儀するとき、スピーチしている人への拍手、着席するときなど、動作はすべてゆっくりと行う。

所作 2　終始笑顔で過ごす

スピーチや余興中でも、口元をゆるめて微笑む。ただし、口を大きく開けて大袈裟に笑うとかえって下品にみえるので注意する。

所作 3　お辞儀は 30 度に

上半身をまっすぐ正し、腰からゆっくりと 30 度傾けて頭を下ろす。会釈の場合は 15 度傾ける。新婦は辛いときには頭を下ろすだけでもよい。

所作 4　胸を張って立つ

胸を張り、あごを引いて猫背にならないように立つ。視線はまっすぐではなく、少し高い位置を意識すると、姿勢が正しやすい。

ウエディングドレスの場合

ツーショットでの美しい姿を意識しましょう

あごを引いて背筋をのばす。招待客から見て、左側が新郎、右側が新婦になるように立つ。新婦はブーケをおなかのあたりで持ち、歩くときは新婦は新郎の半歩後ろを。腕を組むときは新郎の左腕に、新婦が右手を添える。立ち上がるときなど新婦が辛いときには新郎が手助けする。

和装の場合

厳かな雰囲気を引き立たせるゆっくりとした動作が基本

洋装と同様、ふたりともあごを引いて背筋をのばす。新婦は目線はやや下に向けて、かすかに微笑む。足は少し内股にする。歩くときには内股のまま、すり足で半歩ずつゆっくりと。頭をぐらぐら動かさないように注意する。衣装の締め付けが苦しかったり、動作が辛かったりするときはスタッフに伝える。

NG

招待客に対して失礼な態度はタブー

いくら着飾っても、慌ててそっけない態度になったり、つまらなさそうにしていたりしては印象が悪い。また、親しい友人と騒いだり、くだけた口調で話し込んだりするのもタブー。常に見られている意識をもって。

結婚式当日いざというときのトラブル対策は?

体調が悪くなった、衣装がずれてきた……。事前に対策を立ててトラブルを乗り切りましょう。

我慢しないでスタッフに頼りましょう

準備をしっかりしていても、結婚式当日は慌ただしくなります。突然トラブルが起こっても、深呼吸して冷静に行動することを心がけましょう。

とくに多いのが、衣装のトラブルです。披露宴は約2時間半と長丁場なので、疲れて衣装が苦しく感じたり、ずれてきたりすることがあります。気になったら、遠慮せずに近くのスタッフに伝えて調整してもらってください。

また、おなかの赤ちゃんが大きくなってくると膀胱《ぼうこう》が圧迫されてトイレの頻度が高くなります。基本的にトイレへ行けるタイミングは挙式と披露宴の間、お色直しで中座するときの2回です。どうしても行きたくなったら、スタッフに合図で伝え、違和感のない退席のタイミングを確認してください。

結婚式の緊張や、トイレ退席したくないために水分を控える人がいますが、赤ちゃんにとって水分摂取は大切なので、変な気をつかうのはやめましょう。

途中で体調が悪くなったときにも、すぐにスタッフへ伝えます。その場合、とりあえず控え室で横になりようすをみますが、痛みが強い場合は病院へ運ばれます。無理に結婚式を続行するのではなく、母子の安全が優先されるので、心得ておきましょう。

Planners Advice

1 衣装のずれや、体調の変化などちょっとしたことでも気になるならスタッフへ伝えてください。

2 水分摂取は赤ちゃんにとって不可欠です。トイレでの退席を考慮して水分を控えることのないようにしましょう。

結婚式で困った！　よくあるトラブルと対策

トラブル1　気分が悪くなった

ちょっとでも体調不良を感じたら、我慢せずに近くのスタッフへ伝える。その際、胃がむかつく、おなかが張る、息切れがする、吐き気がするなど、具体的な症状を伝えるとよい。控え室に普段使っているクッションを用意しておくのがおすすめ。

トラブル2　トイレに行きたくなった

妊娠中はトイレが近くなる。尿意を感じたらスタッフに伝え、結婚式のプログラムの合間に中座してトイレへ行く。事前にプログラムを確認し、トイレへ行けるタイミングを確認しておくとよい。席を立つときは急がず、ゆっくりとした動作で。

トラブル3　カトラリーを落とした

スプーンやナイフを落としたときには、自分で拾わず、スタッフに伝えて新しいカトラリーを持ってきてもらう。食べものをこぼした場合も、スタッフにおしぼりを持ってきてもらう。大袈裟に慌てると目立つため、落ちついて行動する。

トラブル4　正しい所作を忘れた

結婚式での所作を忘れたり、間違ったりした場合は、平然とその場をやり過ごす。一礼したり、笑ったりすると印象づいてしまうので、とくに何もする必要はない。基本的な所作は、個人で確認するよりも、ふたりで一緒に確認しておくと失敗が少ない。

トラブル5　衣装がずれてきた

衣装の締め付けが苦しい、髪型が乱れてきた、和装のかつらがずれたなど、違和感を感じたら遠慮せずにスタッフに伝えて調整してもらう。とくに妊娠中は衣装を着てすぐは大丈夫でも、長時間着ていると疲れてくることがあるので、ヘアメイク担当と事前に確認しておくとよい。

Point　食事のマナーは事前にしっかり身に付けましょう

食事は普段より控えめに口へ運び、なるべくふたりで食べるペースをそろえる。また、食器やカトラリーの音を立てないようにする。基本的なマナーは事前に下調べしておくとよい。

【覚えておきたい基本のマナー】

- テーブルセッティングのカトラリーは外側から順に行う
- ナイフとフォークは中座するときは「ハ」の字、食後は平行に置く
- ナプキンは折り目が手前にくるようにしてたたみ、ひざに置く
- 料理は控えめに口に運ぶ

挙式&披露宴でのスケジュールと注意

結婚式が始まったら、計画通りに招待客をもてなし、自分たちも楽しみましょう。

品のあるふるまいで最高の結婚式に

結婚式当日は、事前に挙式のリハーサルを行います。会場によっては行わないこともあるので、不安なことはスタッフに確認しておきましょう。

結婚式ではふたりが主役です。笑顔をキープし、何が起こっても慌てないようにします。後ろ姿を見られることも多いので、姿勢を正しましょう。

落ち着いて臨めるように、プログラム全体の流れを把握し、休憩できるタイミングを確認しておくと安心です。基本的にはスタッフの指示に従い、勝手に行動しないようにしましょう。

キリスト教式の挙式の流れ

1. 新婦入場
↓
2. 賛美歌斉唱
↓
3. 聖書朗読・祈禱
↓
4. 誓約
↓
5. 指輪交換
↓
6. 誓いのキス
↓
7. 結婚宣言
↓
8. 賛美歌斉唱
↓
9. 新郎新婦退場

Point ヴァージンロードは父以外でもOK

父親のエスコートでヴァージンロードを歩き、新郎の元へ行くのが一般的だが、誰と歩いても問題ない。母親や伯父（叔父）、兄弟、あるいは初めから新郎と入場するケースも。

披露宴の流れとポイント

1 新郎新婦の入場

↓

2 開宴の挨拶（ウェルカムスピーチ）

↓

3 主賓《しゅひん》の祝辞

↓

4 乾杯

↓

5 ウエディングケーキ入刀

↓

6 会食・歓談

↓

7 お色直し

↓

8 新郎新婦再入場

↓

9 余興・スピーチ

↓

10 両親への手紙・贈り物贈呈

↓

11 両家代表挨拶・新郎挨拶

↓

12 お開きの挨拶

↓

13 招待客の見送り

Point 口をつけるだけでOK

妊娠中はアルコールはNGなので、スタッフに事前に伝えてジュースなどを用意してもらうとよい。乾杯後に招待客が酌に来たら素直に受けるが、口をつける程度で飲まないでおく。

Point 合間に休憩をとる

トイレや休憩は歓談中やお色直し中座のときがベスト。衣装チェンジの際は気持ちが焦りやすいが、極力リラックスすることを心がけて。ゆっくり深呼吸するとよい。

Point 最後はしっかり挨拶を

披露宴を締めくくる挨拶は、ゲストに向けてしっかりと。このタイミングで妊娠を公表し、これからの出産・育児に対する意気込みを語ってもよい。最後まで気を抜かないように注意。

結婚式・披露宴の見送りと御礼

招待客の見送りまでが披露宴です。出席への感謝を示していねいに見送りましょう。

最後まで気を抜かず披露宴を締めくくりましょう

新郎新婦が退席して披露宴が終わったら、会場の出口に新郎新婦と両家の両親が並んで招待客を見送ります。ふたりの門出の祝いに出席してくれた感謝を伝えましょう。

並ぶ順番は入り口に近いほうから、新郎の母、父、新郎、新婦、新婦の父、母です。妊婦は長時間立っているのは大変なので、スタッフに椅子を用意してもらうとよいでしょう。

招待客が一列になって退場するので、ひとりずつ御礼を述べ、プチギフトなどを手渡しして見送ります。

このとき、見送りは「ありがとうございました」と声をかけ、会話は最低限にとどめます。プチギフトには、小さなお菓子やキャンドルなどささやかなものが喜ばれます。小さくても両手で渡しましょう。

久しぶりに会う友人や知人とは、話が弾むかもしれませんが、並んでいる招待客がつかえるので、長話はしないようにしましょう。

招待客の見送りがすんだら、控え室で小休憩をとったあと、媒酌人《ばいしゃくにん》や主賓《しゅひん》の見送りをします。両家がそろった状態で丁重に御礼を述べ、車まで案内し、見えなくなるまで見送り続けるのがマナーです。

Planners Advice

1 出席してくれたことに感謝して、招待客をていねいに見送りをしましょう。

2 招待客を見送るときに、長話をしたり騒いだりすると後ろがつかえるので、御礼のみにしましょう。

あたたかく見送るためのポイント

Point 1 招待客への見送りは手短にすませる

親しい友人などには話したいことがたくさんあるかもしれないが、手短に挨拶をする。長話をしたり、騒ぎながら写真撮影をしたりするのは迷惑になる。「今日はありがとうございました」程度に声をかけ、笑顔で見送る。新婦は座りながらも笑顔で対応を。

Point 2 主賓・媒酌人へは両家でしっかりと御礼を

スピーチなどをお願いする主賓や媒酌人は、ほかの招待客よりも丁重に接するのがマナー。媒酌人には披露宴後に控え室で新郎新婦と両家の両親がそろった状態で挨拶をする。クロークで手荷物を受け取り、車まで案内して見送る。

Point 3 話し方やふるまいはていねいに

年配の方にはていねいな態度、友人にはカジュアルな言葉づかいと、人によって態度をかえるのはNG。ていねいな言葉づかいと所作で招待客には平等な態度で接すること。スタッフにも素直な態度で従う。

会場を出るまでの流れ

披露宴終了
↓
招待客を見送る
↓
別室にて媒酌人《ばいしゃくにん》へ御礼を述べる
↓
媒酌人に御礼を渡す
↓
車まで案内して見送る
↓
着がえて帰り支度する
↓
※(支払いをすませる)
↓
スタッフへ挨拶をする
↓
会場を出る

※最近は結婚式当日に精算しないこともあります。

御礼の目安と渡すタイミング

わたす人	タイミング	金額
媒酌人	披露宴後	10～20万円
会場スタッフ	当日顔を合わせたとき	3,000～5,000円
司会者（友人）	結婚式開始前	2～3万円
受付（友人）	受付開始前	3,000円
主賓 乾杯の挨拶	結婚式開始前	1万円以上

二次会での準備と注意

二次会の段取りは、幹事と連携してすすめましょう。新婦の体調を最優先にしたプランを。

幹事や係は早めに決定し慌てずに準備しましょう

結婚式の二次会は、披露宴後に行うカジュアルなパーティです。信頼できる友人などに幹事を依頼して、結婚式の1か月前には計画を立てましょう。

幹事は企画や日程調整など、することが多いのでふたりにお願いするのがおすすめです。決まったら、新郎新婦ふたりで出向いて依頼します。

幹事には事前に新婦が妊娠していることを伝え、二次会の計画を立てる際に、時間が深夜までかからないようにする、新婦が動き回る演出は避けるなど、考慮してもらいましょう。

二次会の会場選びはレストランやバー、居酒屋などが主流です。披露宴会場から近いと移動が少なく、披露宴に出席した人も参加しやすいでしょう。

また、会場を下見し、料理や設備を確認しておくと安心です。VTRを上映するならスクリーンなどの設備があるのか、料理はおいしいかなどをチェックするとともに、新婦の体を考え、分煙になっているか確認しておきます。

二次会はたいてい会費制です。お金の管理は忙しい幹事ではなく、会計係を立ててしっかり管理してもらいましょう。

係を依頼した人には、結婚式後に新居に招くなどして御礼をします。

Planners Advice

1 二次会の幹事はごく親しい友人やしきり上手な友人など、信頼できる人に依頼しましょう。定期的に打ち合わせを。

2 二次会の会場は結婚式会場から近い場所に設定してもらうと何かと安心でしょう。

二次会当日の流れとポイント

当日のスケジュール

①開宴・幹事からの挨拶
↓
②新郎新婦入場・挨拶
↓
③乾杯
↓
④余興
↓
⑤新郎新婦からの謝辞
↓
⑥見送り
↓
撤収

新婦の体のことを考えて
会場や時間を決めましょう
控え室の用意も必要です!

Point 1 会場を選ぶときは禁煙・喫煙の分かれている場所を

妊婦にタバコはNGなので、分煙になっている会場がよい。また、体調が悪くなったときのことを考えて、横になれる控え室を用意しておくのがおすすめ。空調の設定も妊婦に合わせて店の人に調整してもらうようにする。

Point 2 あまり夜遅くならないようにスケジュール管理を頼む

二次会はカジュアルな場なので、盛り上がって時間が過ぎるのを忘れやすい。だらだらとした飲み会にならないように、幹事は時間をしっかり管理する。また、結婚式は時間通りに終わらないこともあるので、二次会の開始時間は少し余裕をもつ。

Point 3 幹事への気づかいを忘れないようにする

幹事は企画を立てたり、店の予約をしたりと、することが多い。内容について相談されたらしっかりと応え、協力する姿勢を見せること。また、結婚式が終わったら、御礼をしたり、新居に招いたりなどの気づかいを。

✕ NG

立食パーティで新婦が立ちっぱなし

結婚式の疲れもあるので、新婦の負担にならないような二次会にしてもらうよう幹事に依頼を。立食の場合は、新婦には必ずいすを用意し、できれば控え室も準備しておくと安心。

新婚旅行に行くならどのタイミング？

授かり婚の場合、新婚旅行を行わないケースも。行う場合はタイミングに気をつけましょう。

妊娠中に新婚旅行するなら無理をしてはダメ

妊娠中に新婚旅行へも行く場合は、妊娠経過が順調で母子ともに健康なことが絶対条件です。とくに海外旅行の場合は医師に相談し、直前に診察を受けましょう。

妊娠中、もっとも旅行に適しているのは安定期の妊娠12週～28週ごろまでといわれています。普段とは慣れない土地ですし、動き回ることになるので体調には常に注意しましょう。

旅行会社によっては授かり婚のハネムーンプランが用意されているところもあります。ゆったりとしたスケジュールなうえ、妊婦をいたわるサービスなどもあるのでおすすめです。

赤ちゃんが誕生してから新婚旅行をする場合は、育児が落ち着いた5か月以降がよいでしょう。産後すぐはおむつ交換や授乳が頻繁ですし、母体の体調もまだ戻っていないので、無理をしないのが一番です。

子連れでの旅行は、赤ちゃんの荷物が必要です。普段使っているものを宿泊先に送っておく、近くに病院があるかを確認しておくなど、事前に準備をしっかりとしておきましょう。

海外の場合、0歳でもパスポートは必要です。申請から発行まで約10日はかかるので早めに手配しましょう。

Planners Advice

1 体調管理をしっかりし、旅行の前に医師に旅行をすることが可能かどうかを相談しましょう。

2 個人でスケジュールを立てるよりも授かり婚や子連れの「ハネムーンプラン」を利用するのがおすすめです。

産前・産後の旅行での注意

産後に行くなら

**育児が少し落ちついてから
ゆったりとしたスケジュールで**

赤ちゃんが無理のないように、スケジュールに余裕をもたせて。授乳やおむつ交換のタイミングも計画に入れておくと安心。交通機関も混雑する時間は避けたほうがよい。宿泊先に育児グッズを先に送っておくのも手。

妊娠中に行くなら

**あまり無理をしないように！
休憩が多めのプランを立てて**

余裕のある旅行のスケジュールを立て、体調の変化を感じたらすぐにホテルで休憩できるようにする。宿泊先の近くの病院を調べておき、必ず母子手帳、保険証、診察券を持っていく。海外の場合、現地の医療状態をチェックしておくとよい。

子連れでのフライトの注意

- おむつ交換は事前にすませておく
- 子どもをあやすためのおもちゃや絵本を持っていく
- 離陸時にミルクを飲ませる
- 周囲の人へ前もってひと言かけておく
- フライト時間は昼寝しやすい時間に設定する

機内にはバシネット（乳幼児用ベッド）があるので、事前に伝えておくと利用できる。また、離着陸時は耳が痛くなるので、授乳するか、飲みものやおしゃぶりを用意しておく。ミルクは客室乗務員にお願いすれば作ってもらえる。体温調節用にバスタオルやブランケットを用意するとよい。

妊娠中のフライトの注意

- 航空会社へ妊娠していることを事前に伝えておく
- 通路側の席を指定する
- 乱気流に備え、常にシートベルトをする
- 出産予定日より28日以内の搭乗には診断書が必要
- 水分補給はこまめにする

機内の座席はトイレの近い通路側がおすすめ。妊娠中は足がむくみやすいので、足を動かす体操をするとよい。機内は寒くなることがあるので、冷え防止のソックスや上着を用意しておく。また、乾燥しやすいので、こまめに水分補給を。搭乗可能な時期は航空会社によって違うので事前に確認を。

マタニティライフの Q&A（妊娠後期編）

Q1 「おなかの張り」って どんな状態なの？

A1 子宮《しきゅう》が収縮している状態 感じ方はさまざまです

妊娠30週以降になると、子宮が頻繁に収縮して出産の準備を始めます。皮膚が引っ張られているような感じだったり、キュッとおなかがかたくなったりと、感覚は人によって違います。ただし、張りが30分以上続いたり、出血が伴う場合は受診しましょう。

Q2 痛いのは苦手です 「無痛分娩《むつうぶんべん》」ってどんなもの？

A2 麻酔を使って お産の痛みをやわらげます

その名の通り、麻酔によって痛みを抑える出産法です。しかし、全く痛くないわけではありません。麻酔は子宮口がある程度開いてからなので、陣痛は体験します。また、分娩時にトラブルがあったりすると自然分娩になることもあります。

Q3 立ち会い出産します。夫には何をしてもらうの？

A3 お産を乗り越える時間を 共有することが大切です

陣痛時に腰をさすってもらう、励ましの声をかけてもらう、水を飲ませてもらうなどしてもらいましょう。立ち会ってもらうことで、男性も父親になる自覚がわくはずです。

Q4 お産のサインって どんなもの？

A4 サインは人それぞれ 体験談をチェックして

おなかの張りが頻繁に起こる「前駆《ぜんく》陣痛《じんつう》」→本格的な「陣痛」→出血する「おしるし」→「破水」→「出産」という流れが一般的なお産です。しかし、人によっては破水が先にあったり、おしるしがなかったりするケースもあります。

また、出産にかかる時間もさまざま。初産ではお産のサインから出産までに平均15時間かかるといわれますが、2〜3日かかったり、4時間ほどで生まれたりすることも。

自分がどんな出産になるのか予測不可能ですが、どんな場合でも対応できるように心構えを十分にしておきましょう。

5章

結婚式&出産 お金と手続き

結婚準備に出産準備
こんなにお金がかかるの〜!!
今回は結婚式を決めた6か月前にもどります
ねえ一平くん
結婚式をするのを決めたのはいいんだけど
一番気になるのは
やっぱりお金だよねー
うん

実は調べて
みたんだけど
結婚式には
招待客の人数
によるけど
300万円くらい
かかるらしいよ
300万円!?
実はオレ…
200万くらいしか
貯金がなくて…
貯金額としては
優秀じゃない?
他の人は
知らないけど…
私なんて親元に
いながら
50万くらいしか
貯金ないよ
ふたり合わせても
250万円かー…
あと50万円
足りないね
結婚式以外にも
赤ちゃんを迎える
となると
新居が必要
だよ
うちの
ワンルームじゃ
ムリ!!
お父さんと
お母さんに
相談したら
うち来いって言う
と思うけど…
ちょっとね…

私、ひとり暮らし したことないから そのへん疎いん だけど…
3人で住む 賃貸住宅に 引っ越すとして…
カタ カタ
敷金・礼金に
30～40万円
そ… そんなに？
引っ越し代だって かかるよ
5～10万円
引っ越し便
まじで？
さらに家具や 家電を買いそろえる となると…
60～80万円
ウソで しょ～!?
ちょ… ちょっと待って 妊娠出産費用も 必要だよ
どれくらい かかるの？
えーと… 妊娠中の健診が 1回約5000円で
出産までの間 15回くらい 受けるから
約7万5千円

それ以外にも血液検査や通院費用もかかるから…
合計
約10万円
ちなみに出産費用は正常な分娩で
約30〜40万円
結構かかるんだね…
生まれた後もいろいろ必要だよね
うん
おむつやおしりふき
衣類に食費…
MILK
あと医療費
調べてみたところ0歳児の子育てにかかる年間費用は
約50万円
サ〜…
ここまでの費用をざっと計算してみると…
カタカタ

約500万円
あわわ…
そのほかに結婚指輪に新婚旅行代…
そのへんはぶいちゃっていいから!!
ちゃんと結婚式挙げて子どもを生んでいる人たくさんいるというのに…
貯金をしてこなかった私がバカだった…
こうなったらうちの親に…
援助はしてもらわないよ!!
一平くん…
自分たちの力で何とかしよう

でも…
とても結婚式を挙げる
余裕なんてない
じゃない…
生まれてくる
子どものためにも
幸せな結婚に
しよう
工夫をすれば
もっと費用をおさえる
ことができるはず
それに
約束したろ？
……
明日会う
ウエディング
プランナーさんは
授かり婚のプロ
らしいから
きっといい
アドバイスを
くれると思うよ

うん…そうだね
新しい家族が増えるんだものお金がかかるのは当然
それよりまたとない2倍のハッピーを楽しもう
はじめまして担当の寿と申します
どうぞよろしくお願いします
Wedding
寿さんはサービスのシステムを説明してくれた後
私たちの希望する結婚式のイメージを上手に聞き出してくれました
さすがプロ

そして本題
あの…僕たちが一番気にしているのは…
恥ずかしながら費用についてなんです
ご安心ください ほとんどの方が心配されているのはそこですので
え!?
授かり婚は二重におめでたいといわれますがその分出費もかさみますね
私たちだけじゃなかった!?
一般に結婚式の費用はゲストを70人から80人招待したとして
約３００万円が平均といわれているのは事実です

ただし ひとり平均3万円の 御祝儀をいただける として 200万円以上は 戻ってきます
御祝儀のこと 考えて なかった!!
…
すごくお金が かかると思って しまいがちですが
いただける御祝儀の 金額を予想 しながら…
その範囲内で 結婚式を挙げるのは いかがでしょうか?
それなら 大丈夫そう だね!!
うん
それに20〜30人の 少人数ゲストなら
ご準備金額は 増えますが そんなにかかりませんよ

また、挙式は披露宴会場といっしょにしてゲストの前で誓う「人前式」にすると
結構節約になります
なるほど〜…
ほかにも手作りで費用を抑えることもできますよ
ウエルカムボード
Wedding
ライスシャワー
など
とくにペーパーアイテムは手作りだとコストダウンできますのでおすすめです
席札
○○さま
席次表
招待状
プロフィール
これなら私にもできそう!!

司会も上手な方がいらっしゃれば友人に頼むと節約できますね
ただしその場合2～3万円の御礼をするのが礼儀
いるよね
いるいる
なんだか安心した～!!
いっそビデオや写真撮影も友達にお願いしちゃおうか
それも悪くはないのですが…
そちらはプロに依頼した方がよろしいかと
え？
記念に残るものはプロにお願いした方が安心できますよ
なるほど～…

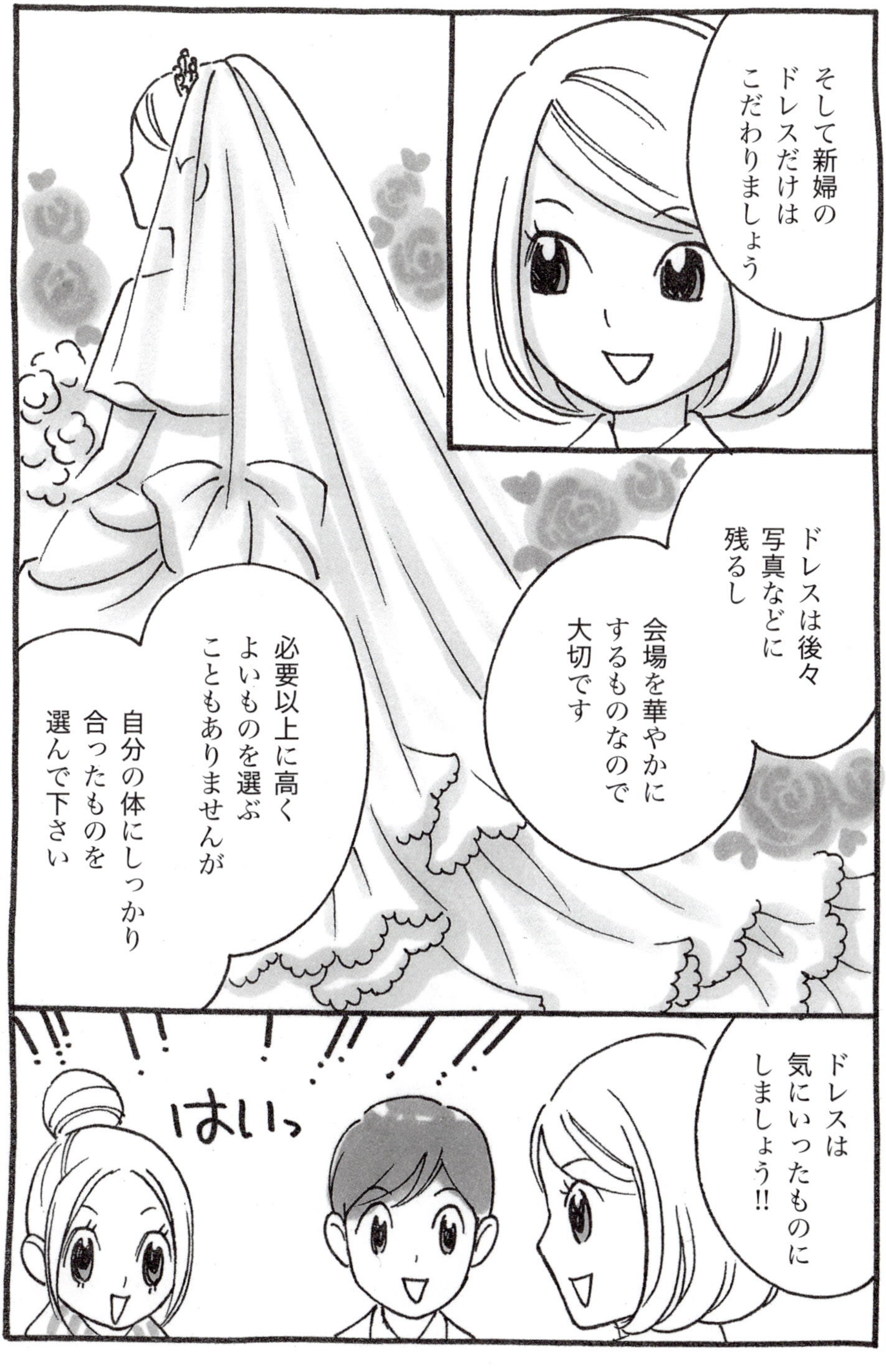
そして新婦の
ドレスだけは
こだわりましょう
ドレスは後々
写真などに
残るし
会場を華やかに
するものなので
大切です
必要以上に高く
よいものを選ぶ
こともありませんが
自分の体にしっかり
合ったものを
選んで下さい
ドレスは
気にいったものに
しましょう!!
はいっ

相談してよかったね
うん
これで何とかなりそうだね
いいウエディングプランナーさんに出会えてよかった!!
諦めなければ道は開ける!!
そうだね!! これからの私たちの教訓にしよう!!
今日一日で一気にすすんだ気がする
おいおい大変なのはこれからだぞ
あははは

ずっと悩んでたの？バカねー
結婚式や出産があった場合必ずお祝い金が入ってくるんだから
そっか!! 出産も!!
その様子だと「出産育児一時金」や「児童手当」とか助成金のことも考えに入ってなさそうね
え？ 何それ!! 聞いたことはあるけど…
勉強不足すぎ!!
これから母親になるんでしょ もっとしっかりしなさい
はい…
授かり婚の場合とにかく赤ちゃんにかかる費用はしっかり確保すること!!

最優先するのは出産や育児にかかるお金！
足りない分はほかのところで節約!!
はい
でもさすがお母さんだね見習わなきゃ
これで安心して授かり婚の準備ができるよ
先輩としてこれからもアドバイスよろしくね
まぁっ

授かり婚　成功の秘訣 4

～結婚式&出産　お金と手続き～

その1　結婚式と出産にかかる費用について早めに下調べしておきましょう。

その2　予定している招待客の人数から、御祝儀を利用して行える結婚式もあります。

その3　授かり婚専用のプランもあるので、利用を検討してみましょう。

その4　結婚式でのこだわりやイメージをかためて、ウエディングプランナーへ相談してみましょう。

その5　結婚式の見積書は内容変更の度にもらうようにしましょう。

その6　御礼やお祝い返しなどにかかるお金も予算に入れておきましょう。

その7　妊娠、出産、育児についてのお金を把握しつつ、助成についても知りましょう。

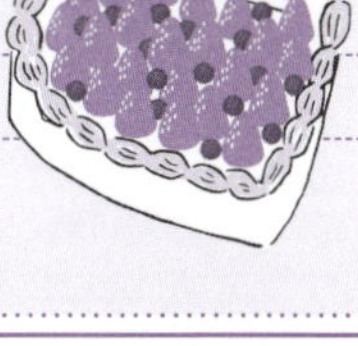

結婚・出産にはどれくらいお金がかかるの？

結婚と出産はもちろん、赤ちゃんが生まれたあとについてもお金の見通しを立てましょう。

結婚から出産にかかる費用総額を知りましょう

かつては400万円以上かかる盛大な結婚式が主流でしたが、最近、結婚式にかける金額はカップルによってさまざまです。

結婚式会場やウエディングプロデュース会社では、お得でサポートの手あつい授かり婚専用のプランも充実しています。

または、出産後の育児費などを考えて、10万円程度でできるカジュアルな結婚式や、招待客の人数と御祝儀でもらえる額の目処をたてて、その金額以内で行える結婚式にするなど、堅実なカップルもいます。

授かり婚の場合、婚約から出産までにかかる総額は最低約100万円といわれています。婚約は結納を省略して両家の顔合わせ食事会にすれば約20万円、結婚式は20人程度の少人数にしてサービスのあるプランを利用すれば約60万円、出産準備費用は助成金や育児グッズを節約すれば約20万円。これだけの資金は確保しておくと安心です。

しかし、一生に一度の結婚式は素敵にしたいものです。工夫次第で雰囲気は大きく変わるので、かけるところはかけ、締めるところは締めることを心がけて、ウエディングプランナーと相談することをおすすめします。

Planners Advice

1 どんな結婚式にするかふたりで相談しながら、結婚と出産の費用をどうまかなうかを考えましょう。

2 出産と育児は一時的なものではないので、金銭的な見通しをきちんと考えておいてください。

婚約〜出産にかかるお金

挙式・披露宴にかかるお金

約60万円(20人の場合)

挙式と披露宴をどのようなスタイルで行うかによって費用は異なる。挙式のみ、またはレストランウエディングなどカジュアルにする場合は約10万円、「授かり婚プラン」は20〜100万のさまざまなプランがある。ペーパーアイテムを手作りするなど工夫することで費用を抑えられる。

- 結婚指輪
- 御《お》車《くるま》代《だい》・御礼(披露宴)
- 衣装
- ペーパーアイテム
- ウエディングケーキ
- 会場費
- 装花
- 招待状
- 音響
- 写真撮影
- 引出物
- ブライダルエステ
- 花束代
- 挙式料
- 婚礼料理　など

婚約にかかるお金

20万円〜

最近は結納を省略することが多い。両家の顔合わせ食事会を行う場合、食事代のほかに会場代、お土産代がかかる。また、婚約指輪などの記念品も必要。きちんと結納の儀式を行う場合は、結納品や結納金、結納返しなど100万円以上必要になる。

- 顔合わせ食事会
- 婚約指輪
- 両家へのお土産
- 婚約記念品交換
- 婚約披露パーティ　など

出産にかかるお金

30万円〜

妊婦健診だけでも4〜10万円。出産時の入院・分娩費もそれぞれ20〜60万円かかる。ただし、助成があるので下調べをしておくとよい。育児グッズは、知り合いから譲ってもらったり、レンタルを利用したりすると費用を抑えられる。

- 妊婦健診費
- 分娩費
- 入院費
- マタニティ用品費
- 入院グッズ
- ミルク、哺乳瓶
- おむつ
- 肌着
- ベビーバス
- 体温計
- ベビー布団　など

結婚式では何にどれくらいお金がかかる？

結婚スタイルによって費用は大きく分かれます。テーマを絞って予算にメリハリをつけて。

結婚にかかる費用の相場を把握しましょう

結婚式はグレードアップすれば費用はどんどんかさみます。本格的な準備を始める前に、必要項目の相場を知っておきましょう（１８１ページ参照）。

大切なのはお金をかけるところと抑えるところをはっきりさせて、かかる費用にメリハリをつけることです。ふたりの結婚式のテーマやこだわりポイントを考えておきましょう。

会場下見やウエディングプロデュース会社へ行き相談をすると、見積書がもらえます。挙式・披露宴などにかかるおおまかな金額が記載されています。結婚式までに内容が変更するため、その都度見積書をもらいましょう。

最初の見積書には必要最低限の項目しか書かれていない場合が多いので、オプションを足していくうちに、いつのまにか費用総額が＋１００万円ということも珍しくありません。最初から希望を具体的に伝え、予算管理をしてここにお金をかけるのかを考えましょう。

たとえば招待客をもてなすことに焦点をあてるなら、料理などにお金をかけて衣装の小物など自分たちのほうの費用を削るなどすると予算内に収めることができます。また招待状などのペーパーアイテムを手作りするなどすると節約できます。

Planners Advice

1 結婚式のイメージやこだわりたいことをふたりで話し合い、予算の目処をたてておきましょう。

2 見積書を出してもらう前に、なるべくさまざまな希望をウエディングプランナーへ伝えておきましょう。

婚約・結婚式　何にいくらかかる？

	内容	金額の目安	内容
婚約	顔合わせ食事会	15万円	会場費や食事代など。ひとり約１万円が目安。行う会場によって差がある。
	婚約指輪	30万円	男性から女性に贈る婚約記念品。授かり婚の場合、省くことも。
結婚式（挙式・披露宴）	キリスト教式挙式	25万円	演奏や装花代を含む司式料。披露宴とのパック料金に含まれることも。
	人前式挙式	15万円	会場費など。厳格な決まりがないので、工夫すれば金額を抑えることも。
	衣装（女性）	40万円	ウエディングドレスとカラードレス計２着。マタニティ用でも通常と同じ。
	衣装（男性）	10万円	衣装数は新婦のお色直しに合わせる。ベストの色味を変えるなど簡略化しても。
	結婚指輪	20万円	新婦が約11万円、新郎が約９万円が相場。購入金額が上がる傾向に。
	ブーケ	3万円	会場が提携している花屋に頼むケースが多い。
	披露宴室料	5万円	挙式料、飲食代、衣装代などとパック料金になっていることが多い。
	席次表	600円（1枚）	手作りなら１枚約200円と金額を抑えることもできる。
	婚礼料理	1万2,000円（ひとり）	メニューのレベルによって異なり、飲みもの代は約4,000円が平均。
	引出物	5,000円（ひとり）	このうち約1,000円分は引菓子の費用。平均は費用によって異なる。
	装花	10万円	会場提携の装花店に頼むケースが多い。外部の場合は抑えられることも。
	招待状	450円（ひとり）	手作りなら約300円（ひとり）。自分で準備できるもののなかで、節約しやすい。
	ブライダルエステ	1万円〜	期間やコースによって異なる。マタニティプランがある場合も。
	写真撮影	15万円	ほとんどが会場のカメラマンに頼んでいる。アルバム作成できる場合も。
	二次会費	20万円	ひとりあたり男性約6,000円、女性約5,000円が相場。

御礼と内祝いの準備とマナー

ふたりの結婚式に協力してくれる人や祝ってくれる人に、心を込めてお返ししましょう。

協力してくれる人たちに幸せのおすそ分けを

結婚式はさまざまな人の協力を得て行うことができます。必ずではありませんが、主賓《しゅひん》や係を手伝ってくれた友人には「御礼」を、スタッフなどには謝礼として「心付け」を渡すのがマナーです。

御礼とは主賓や媒酌人《ばいしゃくにん》のほか、司会や受付などの係をしてくれた友人へ渡す謝礼のことです。さらに、遠方からの招待客、主賓の会場までの交通費などの「御車代《おくるまだい》」も含まれています。

心付けは司会者やヘアメイク、ウエディングプランナー、会場担当者などに渡す謝礼のことです。ただし、会場のほうから心付けの受け渡しを断られる場合には、無理して渡す必要はありません。

御礼や心付けは結婚式当日、相手の状況を見てタイミングのよいときに渡します。新郎新婦は忙しいので、両親が渡すのが一般的です。前日までに渡す相手をリストにし、両親に頼んでおくとよいでしょう。

また、結婚式に招待できなかった方でお祝いをくれた人には、「内祝い」を贈ります。結婚式後約1か月以内に、お祝いの半額程度の品を贈ります。贈るのがおそくならないように気をつけましょう。

Planners Advice

1 御礼や心付けは渡しもれのないように、リスト化しておくとよいでしょう。

2 会場やウエディングプランナーは心付けを辞退することもあります。無理に渡す必要はありません。

心付け・謝礼の相手と金額の目安

御礼

主賓や媒酌人、結婚式を行った神社・教会などに渡す。受付や司会をお願いした友人にも。御祝儀袋の表書きは「寿」または「御礼」と書く。

御車代

主賓や媒酌人、乾杯の挨拶をしてもらう人に交通費の代わりに渡す。基本的には1万円以上。また遠方からの招待客にも交通費と宿泊費を渡す。

心付け

ウエディングプランナー、会場担当者、司会者、ヘアメイクなど、結婚式にあたってお世話になった人へ渡す。

渡す相手	金額
媒酌人	10～30万円
会場担当者	3,000～5,000円
ヘアメイク	3,000円
司会者	3,000円
受付	3,000～5,000円
カメラマン	3,000円
主賓・乾杯の挨拶	1万円～
二次会幹事	1万円

Point 出産に関するお礼や内祝いも用意を

産後「出産祝い」をいただいたら、1か月以内に「出産内祝」を贈る。産後すぐは育児が大変で準備するのが難しいので、妊娠中に品物の目星をつけておくとよい。いただいた金額の1／3程度の品物でお返しするのが一般的です。

内祝いは御礼状を添えて早めに送ります

「内祝い」は本来、「喜びを分かち合う」という意味で渡していたもの。いただいたお祝いの1/3～半額程度の金額の品物を、「内祝」ののし紙をつけて贈る。結婚式後1か月以内に品物を発送し、御礼状を添えて感謝の気持ちを伝える。お菓子や日用品などが人気。

【内祝いに贈る物】

- カニなどの海産物
- キッチングッズ
- ブランドものの寝具
- スイーツ
- ワインやシャンパンなどのお酒
- ペアグラスやソーサー
- カタログギフト　など

出産は何に どれくらいお金がかかる？

妊娠から出産までの費用を把握して、赤ちゃんを迎え入れる準備をしましょう。

自治体や病院によって違いがあるので確認しましょう

妊娠・出産にかかるお金は健康保険がきかず、基本的に自己負担です。しかし、公的手当や保険などによって戻ってくるお金もあるので、費用について事前に調べておきましょう。

妊婦健診は、月1回、臨月になると週1回のペースで病院に通います。10回程度の妊婦健診で約10万円はかかります。また、定期的に行われる血液検査、妊娠中にトラブルがあった場合には検査や処方箋などにお金がかかりますが、母体の健康のため、必要経費と考えましょう。

分娩や入院にかかる費用は病産院によって大きく異なります。病室は個室か相部屋か、分娩は自然分娩か帝王切《ていおうせっ》開《かい》か、サービスやオプションなどによって金額が変わってきます。妊娠中は健康に自信のある人でも、何があるかわかりません。しかも、助成などで戻ってくるお金は産後になる場合もあります。妊娠・出産の費用は多めに用意しておくことをおすすめします。

また、マタニティ用品、分娩のための入院準備、ベビーグッズなどの費用も必要です。赤ちゃんが生まれたあとも衣類やおむつなどの必需品は長く買い足さなければならないので、計画的に費用管理をしましょう。

Planners Advice

1 授かり婚は出費が結婚と出産のダブルでやってきます。お金の使い道を計画的に考えましょう。

2 ベビーグッズをそろえる際は予算のかけ方にメリハリをつけましょう。

出産・育児準備に必要な日用

妊婦健診費

＋5万円ほど用意しておくと安心

妊婦健診費の予算は病産院によって異なるが、1回数千円、約10回は通院することになるので総額約15万円が相場。さらに検査費などもかかる。体調がくずれて追加で診察が必要になることもあるので、5万円ほど多めに用意しておくと安心。

初診料（約7,000～9,000円）

診察料（約2,000～5,000円）

検査料（1回約5,000円）

妊娠初期、中期、後期と、定期的に血液検査を行う。病気の有無や貧血などの体質がわかる。検査項目は約10種類。

入院・分娩費

トラブルに備えて余裕のある費用準備を

入院費は病産院によって異なるので、分娩予約する際に確認する。切迫流産《せっぱくりゅうざん》や妊娠中毒症《にんしんちゅうどくしょう》で入院したり、帝王切開や未熟児出産などの処置が必要になったりと、妊娠中は何が起こるかわからない。上記のようなトラブル時は保険がきくので、この機会に保険を見直しておくとよい。

【入院費の内訳】

入院費／分娩費／検査・処置費／薬剤費／文書費／材料費／新生児管理費　など

病産院から提示される入院費には上記のような費用が含まれている。入院時に処方箋を追加してもらうなどした場合はその分の費用もかかる。

出産準備費

ベビーグッズは賢くそろえて

入院時の持ちものやベビーグッズの費用は工夫次第で節約が可能。多めに必要なタオル類は100円均一でそろえたり、新生児の衣類やベビーバスは最初の1か月しか使用しないので知り合いから譲ってもらったりするとよい。レンタル品を利用するのもおすすめ。

Point　内祝いの費用も忘れずに

お祝いをくれる人、出産でお世話になる人、双方の親などには「出産内祝い」を渡す。妊娠中に費用を用意しておくとよい。

【そろえたいベビーグッズ】

- 肌着
- おむつ
- おしりふき
- ベビーバス
- 体温計
- ベビーカー
- 授乳クッション
- ベビー服
- ガーゼハンカチ
- おくるみ
- つめ切り
- 抱っこ紐
- 哺乳瓶
- 消毒用品

など

新生児を迎える準備は、必要最低限のものを買いそろえておき、退院後に必要に応じて買い足していくのが堅実。ベビーベッドやベビーカーなど金額が高く一時期しか使用しないのものはレンタルしても。

出産での助成・戻るお金 ※2014年1月現在

妊婦健診費　補助券

母子健康手帳をもらうときに確認しましょう

妊婦健診は妊娠初期〜23週は4週間に1回、24〜35週は2週間に1回、36週〜出産までは1週間に1回を目安に、受ける時期が決められています。

病産院によりますが、1回の健診には約5000円かかるうえ、採血などの検査費も必要です。出産までにかかる健診費が高額になるため、自治体で助成されます。一般的には母子健康手帳の受け渡しのタイミングで、定期妊婦健診費14回分がつづられた補助券を受け取ります。さらに初回健診費、超音波検査費1回分の助成がつくこともあります。

里帰り出産をする場合、住んでいる自治体とは違う自治体で健診を受けることになります。一度、自己負担したあとに払い戻すケースもあるので、事前に自治体に確認しておきましょう。

出産育児一時金《しゅっさんいくじいちじきん》

赤ちゃんが生まれたあとにもらえるお助け制度

出産には健康保険がきかないため、出産費用としてまとまった額が支払われる手当てが「出産育児一時金」です。

健康保険の加入者か扶養家族の場合、子どもひとりにつき42万円が産後に支給されます。妊娠85日以降で死産や流産《りゅうざん》になった場合にも支給の対象になります。

出産育児一時金の申請は、加入している健康保険の種類によって異なります。国民健康保険なら住んでいる市区町村の役所に、社会保険や共済組合などに加入してれば各管轄先に申請してください。申請は赤ちゃんが誕生から2年以内なので、忘れずに手続きを行いましょう。

「直接支払い制度」を利用すると、退院時の支払い額から差し引かれます。42万円より安くすんだ場合は、差額分が振り込まれます。

Point　「直接支払い制度」を利用することもできます

出産育児一時金の請求と受取りを妊婦に代わって医療機関が行う制度のこと。事前に用紙に必要事項を記入して病院へ提出し、制度の利用を伝えておく。実際にかかった入院・分娩費から42万円を超えた場合は、その差額分を病院へ支払う。

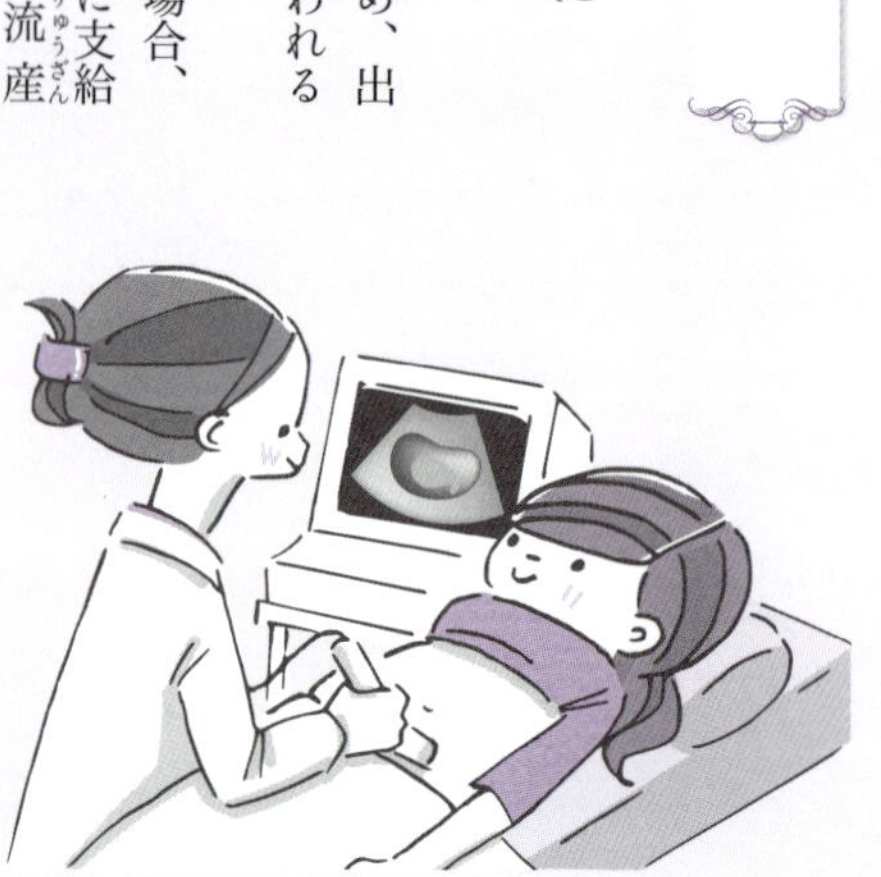

医療費控除

一年間の医療費が10万円を超えたら申告を

妊娠や出産の費用は健康保険がききませんが、医療費控除の対象にはなります。

所得税を払っている人なら、家族全員の医療費の合計が一年間で10万円を超えた場合、または所得の5％を超えている場合に申請ができます。妊娠中は細かな出費が多いため、利用したい制度です。

たとえば、病院への通院費、トラブルが起きたときの診察代や入院費、薬局で購入した薬代なども認められています。ただし、妊娠検査薬や入院の際に購入した日用品、サプリメントなどは認められません。

確定申告のタイミングで申請するので、領収書は必ずとっておきましょう。領収書のないものはメモをのこしておきます。

申請は住まいのある地域の税務署で行います。万が一忘れても5年以内であれば、さかのぼって申請できます。

【控除の対象となるもの】

- 妊婦健診
- 診療・治療費
- 不妊治療費（医師が認めた場合のみ）
- 急な受診や入院費
- 通院にかかった交通費
- 出産時に利用したタクシーや駐車場代
- 歯医者での治療代
- 治療の一環でのマッサージや灸　など

高額療養費

所得によって限度額は変わる

医療費が一定額を超えた場合に、その超えた金額が払い戻される制度です。条件は健康保険の加入者か被扶養者で、負担額の上限は年齢や所得によって異なります。期限は診療を受けた月の翌月1日から2年以内です。

乳幼児医療費助成制度

市区町村独自の制度

健康保険に加入している赤ちゃんの医療費を、市町村が一部あるいは全額負担してくれる制度です。システムは地域によって異なるので、詳細は各自治体に確認してください。赤ちゃんが誕生したら、健康保険証発行の手続きもしましょう。

出産手当金

妊娠しても働き続けるなら ぜひ活用を！

産休は出産予定日から産前42日、産後56日の時期です。産休中は給料が出ませんが、健康保険から日給の約60％の手当が出ます。

社会保険か共済組合健康保険に加入しており、産休のあいだも保険料を支払っている妊婦であれば申請できます。

産休前に申請用紙を勤務先、または管轄の社会保険事務所でもらっておき、産後56日以降に申請します。申請後、1～2か月後に振り込まれます。

出産を機に会社を辞める場合でも、①勤務先の健康保険に加入しており1年以上保険料を払っている。②退職翌日～6か月以内に出産、または勤務先の健康保険を任意で継続し、継続期間中2年以内に出産する。③退職後も健康保険を任意で継続し、継続終了後6か月以内に出産する。以上に該当すればもらえます。

【出産手当金の算出方法】

❶ 月給÷ 30 ＝日給

❷「日給」× 2/3 × 産休で休んだ日数
＝出産手当金

出産予定日に必ず生まれるとは限らないので、算出方法には注意しましょう。たとえば、9月7日予定日で実際に生まれたのが9月1日と早まった場合、「産前42日休み」－「早まった日数」+56日分がもらえる金額になります。

Point 用紙は事前に用意しておきましょう

産休や退職の前に「健康保険出産手当金支給申請書」をもらっておきます。記入項目には病産院や勤務先の記入が必要な箇所があるので、病院へは産後の入院中に依頼します。その際、文書料が数千円かかることもあります。記入もれのないよう、確認をしてから申請しましょう。

児童手当

子育てを補助してくれる 国の制度

国が子どもの養育費を補助する制度です。加入している年金制度によってもらえる条件が異なります。制度の対象は次のとおりです。

・0歳～中学卒業までの子どもを養育し、生計を維持している。

・公的年金の種類や所得制限、扶養家族の人数などの条件をクリアしている。

申請の手続きは、住んでいる市区町村の役所の窓口で行います。公務員の場合は勤務先へ申請します。

支給額は、3歳未満なら一律1万5000円、3～12歳の第一子と第二子は1万円、第三子以降は1万5000円、中学生は1万円です。

申請が受理されたら、翌月から支給されるので、早めに申請しましょう。振り込まれるのは、2月、6月、10月に、それぞれ4か月分の金額です。

育児休業給付金

仕事を続けながらの子育てを国が応援！

産休最終日の翌日から子どもの1歳の誕生日の前々日までに毎月支給される給付金です。

受給の条件は、育児休業に入る前の2年間に雇用保険を払っており、1か月に11日以上働いた月が12か月以上ある人です。ただし、1か月に20日以上休業日がないと支給されません。また、この給付金は、産休だけで育休をとらない人はもらえません。

育児休業は女性だけでなく、男性も取得することができます。平成21年から「パパママ育休プラス」という制度が始まりました。父、母ともに育児休業を取得する場合、育児休業取得可能期間を子どもが1歳2か月になるまで延長することができます。

この制度を利用して、交代で育児休業を取得するもの可能です。

【こんな人は対象外です】

- 妊娠中に育児休暇をとらずに退職する人
- 育児休暇に入る時点で退職の予定がある人
- 育児休暇を取得せずに仕事復帰する人

専業主婦や自営業、パート・アルバイトなどで雇用保険に加入していない場合はもらえません。

失業給付金の延長

仕事復帰を考えているなら手続きをしましょう

失業給付金は、雇用保険加入者が退職した翌日から1年以内に受け取れるお金です。妊娠で退職する場合は、出産後に受給できるよう最長3年間（受給期間を含めて4年間）延長することができます。離職時に申請書をもらい、ハローワークで手続きをします。

Point 手続きは期限内に行いましょう

退職日の翌日から30日が過ぎたら1か月以内にハローワークで延長の申請をしてください。手続きをしてから7日の待機期間後に支給されます。支給開始後は28日ごとの認定日に失業認定を受け、給付の資格を得ます。申請期間を過ぎるともらえない可能性があるので注意しましょう。

結婚、妊娠、出産に関する各種手続き

授かり婚では複数の手続きが必要なので、もれのないよう余裕をもって準備しましょう

提出に必要な記入事項や書類を忘れずに

　正式に夫婦、そして親になるためにはいくつかの届出や手続きが必要です。スムーズに手続きをふめるように順序も考えましょう。

　まず、結婚の意志をかためたら「婚姻届」を提出し、入籍します。受理されたら、住民票を移し、健康保険証の姓を変更しましょう。

　戸籍が変更され、住民票などの身分証明になるものを手に入れたら、妊娠に関する手続きをします。妊娠が確定したら役所で「妊娠届」を提出し、「母子健康手帳」を受け取ります。その際、妊婦検診に必要な書類や補助券ももらいます。

　体調がよいときを見計らって、運転免許証やクレジットカード、銀行口座、パスポートなどの名義変更を早めに行いましょう。

　臨月はおなかが大きくなって外出に疲れますし、産後は1か月外出できません。体調が落ちつく安定期から後期の間に、ある程度の手続きを終わらせておいたほうが安心です。

　赤ちゃんが誕生したら「出生届」を生後2週間以内に提出します。彼や親に代理で提出してもらう場合、必要書類がしっかりわかるように用意しておきましょう。

Planners Advice

1 手続きはたくさんあるように思えますが、提出時期が異なります。ひとつずつ落ち着いてすませましょう。

2 名義変更などの手続きは、安定期から後期のうちに手続きをすませておくと安心できます。

各種手続きのポイント

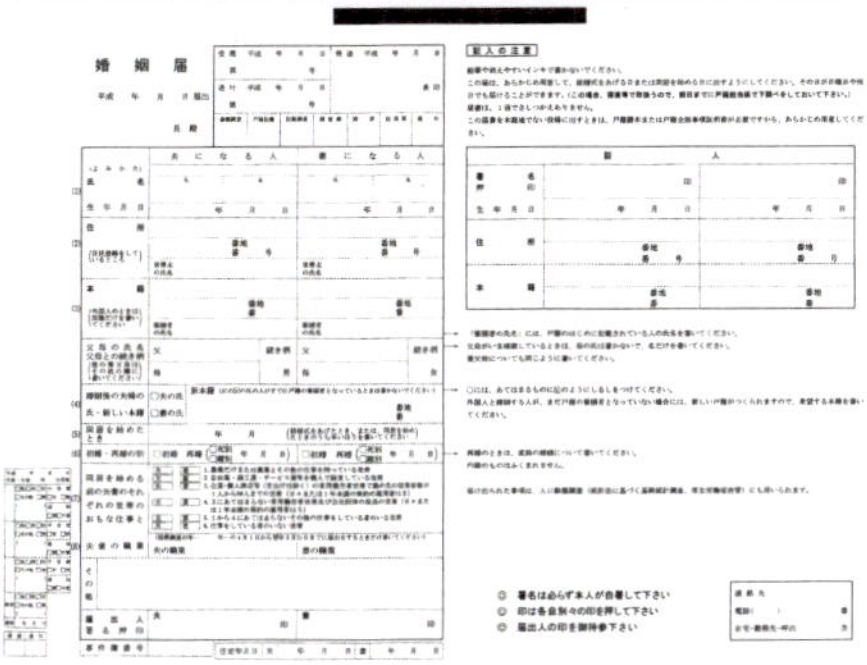
[redacted]

婚　姻　届

記入の注意

夫 に な る 人　妻 に な る 人

証　人

◎ 署名は必ず本人が自署して下さい
◎ 印は各自別々の印を押して下さい
◎ 届出人の印を御持参下さい

婚姻届

【 記入のポイント 】

- 万年筆か黒のボールペンを使用する
- 訂正は二重線で行い、余白に書いて訂正印を押す
- 氏名と本籍は戸籍謄《こせきとう》（抄《しょう》）本《ほん》どおりに書く
- 年は西暦、元号どちらでも可
- 署名はすべて本人が行う

提出に必要なもの

- □ 婚姻届
- □ 運転免許証、パスポートなどの本人確認書類
- □ 戸籍謄本または戸籍全部事項証明書
- □ ふたりの印鑑

出生届

記入もれに注意して
提出期限を守りましょう

生まれた日を含めて２週間（国外で出生した場合は３か月）以内に提出する。提出先は親の住民票がある市区町村の役所が一般的だが、どこでもできる。子どもの親が記入するのが原則。母親は産後１か月外出ができないので、代理で提出してもらうとよい。

退職届

会社によって届け方が異なるので
確認して届出ましょう

結婚または妊娠を機に退職するなら、「退職届」を会社へ提出する。引き継ぎの時間なども考慮して最低でも１か月前には上司に伝える。退職理由は「一身上の都合により」でよい。会社によっては事前に「退職願」の提出も必要なので確認を。

監修

LADIRB（ラディーブ）

LADIRBは、東京・南青山にサロンを構えるウエディングプロデュース会社。結婚式が決まったら、まずは、信頼できるウエディングプランナーを探すという「プランナーファースト」を日本で初めて提唱。特定の式場・会場とは提携せず幅広い選択肢の中からふたりに合ったプランを提案するスタイルが支持され、これまでに手掛けた結婚式は1500組以上。授かり婚の専門サービス「ママリッジ」（ママ＋マリッジの造語）も展開し、たくさんの新郎新婦から満足の声が寄せられている。
LADIRB HP　http://www.ladirb.net/

STAFF

マンガ	柏屋コッコ
イラスト	いとうまちこ
本文デザイン	GRiD
DTP	アーティザンカンパニー株式会社
取材協力	大田奈々恵（ヘアメイク）
編集	バブーン株式会社 （古里文香、山口早紀、大澤芽衣、矢作美和）

〈参考文献〉

・「はじめて妊娠・出産を迎えるママの本」新星出版社
・「胎教CD付き　はじめての妊娠と出産」西東社
・「妊娠・出産の気がかり解決Q&A」
　株式会社ベネッセコーポレーション
・「妊娠・出産・育児安心百科」主婦と生活社
・「育児の百科〈上〉」岩波文庫

授かり婚
準備BOOK
これ一冊で完璧！

2014年3月16日　初版発行

監　修　LADIRB（ラディーブ）
発行者　佐藤龍夫
発　行　株式会社大泉書店
住　所　〒162-0805 東京都新宿区矢来町27
電　話　03-3260-4001（代）
FAX　03-3260-4074
振　替　00140-7-1742
印　刷　半七写真印刷工業株式会社
製　本　株式会社明光社

URL　http://www.oizumishoten.co.jp/
ISBN　978-4-278-03589-6　C0077
落丁、乱丁本は小社にてお取替えいたします。
本書の内容についてのご質問は、ハガキまたはFAXにてお願いいたします。